교실
심리학

교사와 학생의 마음이
함께 성장하는

교실 심리학

1판 1쇄 발행 2020년 1월 20일
1판 3쇄 발행 2023년 10월 10일

지은이 이해중

발행인 송진아
편 집 정지현
디자인 권빛나
제 작 제이오엘앤피
펴낸곳 푸른칠판
등 록 2018년 10월 10일(제2018-000038호)
팩 스 02-6455-5927
이메일 greenboard1@daum.net

ISBN 979-11-965375-5-5 03370

교사와 학생의 마음이
함께 성장하는

교실
심리학

이해중 지음

푸른칠판

교실에서 심리학이 왜 필요할까요?

학교에서 아이들이 제게 조르는 몇 가지가 있습니다. 그중 하나가 '심리학 이야기'입니다. 심리학에 대한 이야기를 들려줄 때면 아이들은 마치 게임 설명이라도 듣는 것처럼 귀를 쫑긋 세웁니다. 처음에는 신기한 이야기가 재미있어서이지만, 이내 진지해지는 순간이 옵니다. 바로 이야기하는 심리학 이론이 교실에서, 가정에서 그리고 나 자신에게 어떻게 적용되는지 이야기할 때입니다. 아이들 눈에는 실수 없는 사람처럼 보였던 선생님조차 심리학 이야기 속에서는 허술하고 도움이 필요한 존재로 나타날 때면 더 즐거워합니다.

제 이야기가 끝나면 아이들은 자연스럽게 자신의 경험을 털어놓고, 심리학을 자기 속으로 끌어들이고 싶어 합니다. 때로는 나와 같은 고민을 갖고 있는 친구가 있다는 점에 위로를 받고, 자신의 문제를 풀 힌트를 얻어 갑니다.

이 시간을 유독 좋아하던 아이들과 사제동행 프로그램의 일환으로 서점에 갈 기회가 있었습니다. 어떤 책을 고르는지 살펴보니 심리학에 대해 더 알고 싶다며 어른들이 보는 심리학 입문서를 고르고 있었습니다. 아이들의 눈높이에 맞는 심리학 책을 찾기가 어려웠기 때문입니다. 그래서 학급 홈페이지에 아이들을 위한 심리학 편지를 쓰기 시작했습니다.

이야기의 많은 형식 중 편지를 택한 건, 편지가 가진 특별한 느낌 때문입니다. 편지에는 왠지 마음속의 진솔한 이야기를 담게 되잖아요. 또 읽는 아이들은 자신을 향한 편지라고 생각하게 되고요.

그 효과는 놀라웠습니다. 심리학 편지를 읽은 아이들이 답장을 보내왔기 때문입니다. 심리학이 교실 속으로 들어오면서 아이들과 보다 구체적인 주제에 대해 이야기를 나눌 수 있게 되었습니다. 더 궁금한 내용은 무엇인지, 어떤 점이 좋았는지 아이들과 편지를 주고받으면서, 때로는 심리상담의 과정을 경험하기도 했습니다. 아이들은 자신이 겪는 어려움이 어떤 범주에 해당하는지 알고, 도움을 요청할 수 있게 되었기 때문입니다.

교사인 저 역시도 민감할 수 있는 이야기를 한 걸음 떨어진 객관적인 시선에서 바라볼 수 있었습니다. 또 아이들이 겪는 다양한 문제에 대해 제 개인적인 의견이 아닌, 다양한 심리 연구와 구체적인 예시들을 바탕으로 조언할 수 있어 시행착오를 줄일 수 있었습니다. 교실 속에서 심리학적 도구들은 이처럼 다양한 장점이 있습니다.

이 책에는 아이들과 주고받은 다양한 이야기를 크게 세 가지 주제로 분류하여, 아이들의 고민에 대해 심리학 연구나 도구들이 어떤 도움을 줄 수 있는지 담아 보았습니다.

첫 번째는 학습과 성장에 대한 이야기입니다. 학습 장면에서 고민하게 되는 것들에 대해 심리학은 어떤 도움을 줄 수 있는지, 성장은 어떻게 일어나고 어떤 방향으로 나아가야 하는 것인지 찾아가는 과정을 담았습니다.

두 번째는 관계에 대한 이야기입니다. 관계는 아이들을 웃게 하고, 슬프게도 합니다. 친구의 마음도 들여다보고, 내 마음도 깊이 알아가는 이야기를 담았습니다.

세 번째는 '나'에 대한 이야기입니다. 나를 안다는 것은 심리학의 영원한 숙제입니다. 나를 알아가는 방법과 그 안의 고민을 다루었습니다. 나의 정체성과 진로, 행복에 대한 심리학자들의 고민도 함께 살펴보았습니다.

더불어 '선생님을 위한 심리학 노트'에는 편지에는 담기 어려운 보다 전문적인 지식들을 정리하여, 선생님들이 교실과 일상에서 심리학을 실용적으로 적용하는 데 도움이 되고자 했습니다.

이 책에서 소개한 내용들은 전문적인 심리상담과는 다릅니다. 심리상담가들은 비교적 명확한 목표를 가지고 내담자를 만나, 내담자가 문제를 해결해 나가도록 돕습니다. 그러나 학교에서 통상 '상담'이라고 부르는 것은 그것과는 많이 다릅니다. 학교에서의 상담은 학생에게서 기초적인 정보를 얻는 일부터, 잘잘못을 가리거나 진로와 관련된 정보를 주는 일까지 다양하고 복합적입니다. 이 책은 심리학을 활용해 학생들에게 힘을 주고자 하는 이들에게 도움이 될 것입니다.

글을 쓰는 동안 제 뒤에서 많은 심리학자들이 제게 용기를 주고, 조언을 해 주는 이미지를 상상했습니다. 그리고 글을 마무리 짓는 지금은 책 속의 심리학자들이 교실의 선생님들 뒤에 든든하게 서 있는 모습을 상상합니다. 이 책이 아이들의 마음을 이해하고, 함께 성장하기를 바라는 교사들에게 작은 도움이 되기를 바랍니다.

차례

2장 관계를 위한 심리학

3장 나를 만나게 해 주는 심리학

1

학습과 성장을 위한 심리학

심리학은 학습과 성장에 어떤 도움을 줄 수 있을까? 당연히 심리학은 수학 문제를 푸는 방법에 대해 알려 주지 않는다. 그러나 심리학을 이용하면 학습하기에 적당한 마음을 준비할 수 있다. 비유하자면 혼란스러운 마음을 제대로 바라볼 수 있도록 안경 도수를 맞추는 일이다. 도수를 제대로 맞춘 안경으로 자신을 바라보면, 그동안 학습을 방해해 왔던 여러 가지 오류나 신념들을 확인하고 고쳐 나갈 수 있다.

아이들의 스트레스 원인이 발표될 때마다 그 선두에는 '학습'이 자리한다. 아이들이 이토록 힘들어 하니 학습을 없애 버리면 스트레스가 사라질까? 전혀 그렇지 않을 것이다. 아이들은 공부하기 싫어서 스트레스를 받는 것이 아니다. 잘하고 싶은데 잘 안 되기 때문에 스트레스를 받는다. 그래서 학습에 대한 스트레스는 성장에 대한 갈망으로 보아도 무방하다.

학교에서의 학습은 단순히 공부나 시험 성적만 해당되는 건 아니다. 학습 상담의 영역은 인지·정서·신체적 특징, 성공 경험, 습관 형성, 학습 방법, 놀이와 학습의 조화, 진로 등 복잡하고 다양하다(김춘경 외, 2016). 학습과 성장에 대한 주제는 이 전체를 살펴보아야 한다.

그럼 심리학은 학습과 성장에 어떤 도움을 줄 수 있을까? 당연히 심리학을 통해 수학 문제를 푸는 방법이나 영어 회화가 느는 법에 대해 이야기하려는 것은 아니다. 그러나 심리학을 이용하면 학습하기에 적당한 마음을 준비할 수 있다. 비유하자면, 혼란스러운 마음을 제대로 볼 수 있도록 안경 도수를 맞추는 일이다. 도수를 제대로 맞춘 안경으로 자신을 바라보면, 그동안 학습을 방해해 왔던 여러 가지 오류나 신념을 확인하고 고쳐 나갈 수 있다. 또 이 일은 안개 속에서 손전등을 발견하는 일과도 비슷하다. 눈앞이 보이지 않는 막막한 상황에서 손전등을 들고 한 발 한 발 길을 찾아 나갈 수 있다. 마지막으로

한 가지 더 비유하자면, 거울을 보는 일이다. 지금까지 몰랐던 자신을 비추어 보고, 보다 효과적인 자세나 방법을 익힐 수 있다.

1장에서는 학습 의욕을 불러일으키는 언어 습관, 집중을 위한 효과적인 방법, 도전과 용기에 필요한 마음가짐, 핑계 등의 나쁜 습관을 고치는 것 등에 대한 내용이 담겨 있다. 모두 교실에서 자주 만날 수 있는 상황이다.

* * *

1장에서 편지를 주고받는 민준이는 게임도 좋아하고, 학생회에서 활동도 하는 6학년 학생이다. 친구들에게 슬쩍 용기를 주는 말을 잘하는 민준이의 장래 희망은 PD이다. 꿈을 이루기 위해 노력하고, 좋은 공부 습관을 만들고 싶어 한다. 쉽게 변하지 않는 자기 모습에 실망도 하지만, 누구보다 성장에 대한 갈망이 큰 학생이다.

숙제를 안 한 걸까, 못한 걸까?

 생강 선생님께.

오늘 엄마한테 혼이 났어요. 엄마가 우선 숙제부터 하고 놀라고 그러셨는데, 잠깐 게임을 한다는 것이 그만 시간이 많이 지난 줄 몰랐거든요. 엄마가 방에 들어오셨을 때 이제 숙제하려 했다고 말했지만, 믿지 않으시고 버럭 화를 내셨어요.

"숙제 다 하고 게임하니?"

"아직 못했어요. 이제 하려고요……."

"뭐라고? 아직도 안 했어?"

"죄송해요……. 게임 조금만 하고 숙제하려고 했어요……."

숙제를 못한 게 잘못하긴 하지만, 이 정도로 화를 내시니 정말 이해가 안 돼요.

민준아, 선생님도 게임을 하다 보면 시간이 정말 금방 가더라. 선생님이 생각하기엔 아마도 네가 무심코 사용한 어떤 말 때문에 엄마가 더 크게 화를 내신 것 같아. 바로 '못했다'는 말이지.

해야 할 일을 끝내지 못했을 때 사람들은 "못했다."거나 "안 했다."라고 말하지. 이 두 가지는 어떤 차이가 있을까? 예를 들어 배가 고플 때 우리는 보통 다음과 같이 말해.

1. 나는 아직 밥을 안 먹었어.
2. 나는 아직 밥을 못 먹었어.

두 가지 말은 비슷한 것 같지만 차이가 있단다. 1번은 왠지 바쁜 일이 있어서 식사를 미룬 것 같고, 2번은 밥이 없거나 밥 먹을 시간이 없었던 것처럼 보이지 않니? 1번은 언제든 먹을 수 있지만, 2번은 밥을 못 먹는 상황이 해결되어야 식사할 수 있는 거야.

아마 엄마는 이런 점에서 화가 나셨을 거야. 민준이는 숙제를 하지 않은 것이지, 숙제를 못할 만한 상황이 생겨서가 아니라고 말이야.

'못했다'고 말하면 사람들은 그가 핑계를 댄다고 느낀단다. 물론 실제로 못할 수밖에 없는 상황도 있지만 그런 경우는 흔치 않으니까, 그럴 때는 '안 했다'고 말하는 게 좋아. '안 했다'고 말하면 자신의 잘못을 인정하고 행동을 고치려 한다고 생각하게 되거든.

민준이 입장에서 이해하기 쉽게 부모님과 있었던 일을 떠올려 보자. 예를 들어 부모님과 놀이동산에 가기로 한 날 차가 고장이 나서 가지 못했다면, 부모님이 약속을 안 지킨 걸까, 못 지킨 걸까? 이건 못 지킨 상황이지. 또 마트에서 어린이는 먹기 부담스러운 고카페인 음료수를 사달라고 했을 때 안 된다고 하시는 건 안 사 주시는 걸까, 아니면 못 사 주시는 걸까? 아마도 안 사 주시는 거겠지?

두 상황을 놓고 보니 어떻게 다른지 알겠지? 대부분의 사람들은 실수나 잘못을 지적받을 때 자신 때문에 일어난 일이 아니라고 생각하고 싶어 해. 그래서 습관처럼 나오는 말이 바로 '못했다'는 말이야. 별것 아닌 말 같지만 이 말을 자주 쓰다 보면 정말 그 일이 나의 노력과는 전혀 관련 없는 일처럼 생각된단다. 그래서 앞으로는 안 한 일인지, 못 한 일인지 구분해서 말할 필요가 있단다.

이제 엄마에게 가서 다시 말씀드려 보자. 숙제 안 한 거 지금 다 했다고 말이야. 아마 엄마가 애썼다고 머리를 쓰다듬어 주실 거야.

지금 이 순간, 바로 여기

'게슈탈트 상담'의 창시자 프리츠 펄스(Fritz Perls)는 자기 자신을 알아차리는 것을 아주 중요하게 생각했다. 펄스는 사람의 심리는 자연스럽게 순환한다고 이야기했는데, 그 순환이 잘 일어나지 않는 사람들을 돕고 싶어 했다. 그래서 게슈탈트 상담은 강박 증세를 보이는 사람들에게 큰 도움을 주어 왔다.

그는 중요한 것은 '지금 여기(Now&Here)'라고 말하며, 많은 사람들이 자신에게 일어나는 일을 알아차릴 수 있도록 도왔다. 그중 하나가 바로 '못한 일'과 '안 한 일'을 구분하는 것이다. '못했다'는 말 대신 '안 했다'고 말하면, 아주 재미있는 변화가 일어난다. 바로 지금 이 순간에 집중하게 되는 것이다. 그리고 바로 여기서 할 수 있는 일들을 찾게 된다.

"아직 안 했어요. 무엇부터 시작해 볼까요?"

큰 목표와 꿈이 있지만 정작 노력은 조금도 하지 않는 사람들을 종종 만난다. 이 경우 두 가지로 볼 수 있다. 첫 번째는 꿈을 이루기 위해서 어떤 노력을 했지만 늦었다고 포기하는 사람으로, 과거에 얽매인 경우이다. 두 번째는 나중에 돈 벌면 할 거라고 말하는 사람으로, 미래만 바라보느라 지금 아무것도 하지 않는 경우이다. 펄스의 입장에서 보자면 지금, 여기에 집중하지 못하는 것이다.

2 칭찬을 받으면
왜 기분이 이상할까요?

 생강 선생님께.

저 오늘 상을 받았어요. 지난번에 치른 과학 상상화 그리기 대회에서 잘했다고. 담임선생님이 상장을 주시자 아이들이 부러운 얼굴로 저를 쳐다보았어요. 그 순간 사실 제 기분은 엄청 좋았는데, 친구들 앞에서 너무 좋아하는 티를 내고 싶지 않아서 표정 관리를 하려다 오히려 이상한 표정을 짓고 말았어요. 상을 받을 땐 왜 이런 기분이 들죠?

민준아, 많은 사람들이 상을 받을 때 그런 기분을 느낀단다. 왜 마음속에서 그런 기분이 느껴지는지 이야기하기 전에 몇 가지만 물어볼게. 만약 네가 무인도에서 혼자 살고 있는데, 네가 너 자신에게 상을 준다면 그것도 상일까? 또 네가 아주 어린 동생들에게 상을 받았다면 그건 상일까? 마지막으로 네가 그림을 다 못 그렸는데도 상을 받았다면 그건 상일까? 모두 상이 아닌 것 같지? 그럼 하나하나 이야기해 보자.

먼저 상은 혼자서는 받을 수 없는 거야. 다른 사람과 비교해서 더 뛰어난 사람에게 주는 것이 상이니까. 때로는 수고한 모두에게 격려의 의미로 '참가상'을 주기도 하는데, 그건 좀 예외의 경우지.

두 번째로 상은 대부분 받는 사람보다 더 높은 위치에 있는 사람이 주는 거야. 흔히 교장선생님이나 시장, 대통령 등이 상을 주잖니.

마지막으로 아무리 잘 그려 나가고 있다 해도 완성하지 않으면 당연히 상을 받을 수가 없지. 마찬가지로 아무리 뛰어난 연주 실력을 가진 사람이라도 대회에 나와서 연주를 마치지 못하면 상을 받을 수가 없단다. 갑자기 감기에 걸려서 대회에 참석하지 못했다면 그동안 연습을 열심히 했어도 상을 받을 순 없지.

정신의학자 알프레드 아들러(Alfred Adler)는 상을 받는 사람과 상을 못 받는 사람의 마음에 대해 이야기한 적이 있어. 상을 주는 것은 그 사람을 칭찬하기 위해서인데, 상을 받는 사람은 자신도 모르게 다른 사람들을 신경 쓰게 된다는 거야. 다른 사람과 비교해서 자기가 칭찬을 받았기 때문이지. 그래서 상을 받으면서 이런 생각을 하게 된다는구나.

'만약 다음번에 다른 친구보다 못하면 그때는 지금처럼 칭찬을 받지 못하겠지?'

상을 받은 기쁨도 잠시, 오히려 다음에도 잘해야 한다는 부담감을 갖게 된다는 거지. 한편 상을 받지 못한 사람은 축하하는 마음 한편에 '나는 저 친구처럼 잘하지 못해서 아마 앞으로도 상을 받을 수 없을 거야.' 하고 생각하면서 열등감에 빠진다는 거야. 칭찬하기 위해 상을 주었지만 받는 사람도, 받지 못한 사람도 행복하지 않은 상황이 되어 버렸지. 상을 받는 사람은 불안하고, 받지 못한 사람은 열등감에 빠지고 말았으니 말이야.

민준이가 상을 받으면서 기분이 이상했던 건, 두 마음을 모두 알고 있기 때문이겠지. 너는 최선을 다해 그림을 그렸을 뿐인데, 친구들을 부러워하게 만들어 버린 거잖아.

누구나 살면서 열등감이라는 감정을 만난단다. 중요한 것은 열등감 그 자체가 아니라 열등감을 대하는 태도란다. 아들러는 열등감을 아주 중요한 에너지로 보았단다. 흥미로운 이야기인데, 그건 앞으로 나눌 심리학 이야기에서 좀 더 찾아보자.

격려의 속뜻은 '용기 북돋우기'

아들러는 루돌프 드라이커스(Rudolf Dreikurs)와 함께 세계에서 처음으로 아동심리 클리닉을 열었다. 아들러는 아동의 문제행동은 낙담에서 비롯된다고 보았는데, 그 대안으로 '격려'를 이야기했다. 낙담은 영어로 'discourage'이고, 격려는 'encourage'이다. 즉 낙담은 용기(courage)를 꺾는(dis-) 것이고, 격려는 용기를 북돋운다(en-)는 뜻이 된다(이해중 외, 2017).

상장에 자주 쓰이는 문구를 살펴보면 '○○대회에서 월등히 뛰어난 실력을 보여 타의 모범이 되기에 이에 상을 줍니다.'로 칭찬을 위한 말이 있다. 그런데 이 문장에는 과정보다는 결과를 중시하고, 경쟁을 통해 비교하고, 권위를 이용하여 칭찬하는 요소가 담겨 있다. 그래서 칭찬하려는 의도와는 달리 상을 받지 못한 아이들의 용기를 꺾게 된다.

드라이커스는 "식물에게 햇빛과 물이 필요하듯, 아동에겐 격려가 필요하다. 격려하고 격려하고 또 격려하라."고 이야기했다. 아들러와 드라이커스의 노력은 아동을 통제와 훈육의 대상에서 경청과 존중의 대상으로 바라보도록 관점을 바꾸는 데 크게 기여했다.

학생들을 격려하고 싶은 선생님들로부터 "격려가 좋은 줄은 알겠는데, 어떻게 해야 할지 잘 모르겠어요."라는 이야기를 자주 듣는다. 그럴 때 좋은 방법이 있다.

좋은 일이 생겼을 때 누구에게 제일 먼저 이야기하고 싶은가? 억울하고 속상한 일이 생겼을 때 누구에게 털어놓고 싶은가? 만나고 돌아오는 길에 나도 모르게 콧노래를 흥얼거리게 만드는 사람이 누구인가? 바로 그 사람이 나를 격려하는 사람, 즉 용기를 북돋우는 사람이다.

그의 어떤 점 때문에 이야기하고 싶고, 만나고 싶은지 생각해 보라. 그에게서 듣고 싶은 말이 앞서 상장에서 읽었던 문구인가? 격려는 말보다는 태도이다. 말하는 기술이 아니라, 원리나 철학에 가깝다. 따라서 격려를 잘할 수 있는 제일 좋은 방법은 격려를 받는 것으로부터 시작하는 건 아닐까?

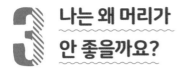

3 나는 왜 머리가 안 좋을까요?

 생강 선생님께.

선생님, 머리 안 좋은 사람도 공부 잘할 수 있는 방법이 있을까요? 저는 정말 열심히 공부하려고 늘 마음을 먹는데, 막상 공부를 해 보면 아무래도 제 머리가 안 좋은 것 같아요. 공부를 조금만 할 때는 상관이 없었는데, 많은 걸 공부하려니 갈수록 이해도 되지 않고 머리가 터질 것 같은 거 있죠.

제 주변을 보면 어려운 내용도 짧은 시간에 금방 익히는 친구들이 있어요. 그 친구들은 어쩌면 그렇게 똑똑한지, 그저 신기해요. 저처럼 머리가 안 좋은 사람도 기억력을 높일 수 있는 방법이 있나요?

 민준아, 네 고민을 들으니 선생님 중고등학교 때 생각이 나는

구나. 그때 선생님도 민준이와 똑같은 고민을 했거든. 아무리 공부해도 성적은 오르지 않으니 머리가 나빠서라고 생각했지. 실제로 네 머리가 좋은지 아닌지에 대해서는 정확한 검사를 해 봐야 할 텐데, 선생님이 보기에 민준이가 알고 싶은 것은 노력한 만큼 공부를 잘할 수 있는 방법이 아닌가 싶어. 맞니?

그 질문에 대한 답을 찾기 위해 소개하고 싶은 심리학이 있는데, 바로 '인지심리학'이란다. 인지심리학자들은 생각하고, 기억하고, 추리하고, 계산하는 과정이 어떻게 이루어지는지 오랫동안 연구해 왔단다. 그래서 여러 가지 심리실험을 진행했는데, 그중 '처리수준 이론'이 네게 도움이 될 것 같구나.

인지심리학자들은 사람의 기억을 몇 가지로 나누었어. 작업할 때 단기적으로 사용되는 기억을 '작업 기억(또는 단기기억)'이라고 불렀고, 암호화를 통해서 깊숙이 저장된 기억을 '장기기억'이라고 했지. 공부할 때는 바로 장기기억에 저장된 기억을 꺼내는 거란다.

그런데 정보를 암호화할 때 기억의 단서가 되는 항목을 복잡하게 연관 지을수록 나중에 그 기억을 더 쉽게 찾을 수 있다고 해. 예를 들면 수학 공식도 무작정 외우는 게 아니라, 조금 복잡하더라도 공식을 유도하는 과정을 충분히 공부하고 이해한 후에 암기하면 오히려 짧은 시간에 외울 수 있고, 오래 기억할 수 있다는 거야. 또 수학 문제를 풀 때도 쉬운 문제를 푸는 것보다 난이도가 적당히 있는, 즉 여러 단계의 문제 풀이 과정이 있는 문제가 나중에 기억에서 인출하기가 쉽단다.

그런데 사람들은 한 번에 몇 가지 정도를 외울 수 있을 것 같니? 인지심리학의 실험에 따르면 의미 없는 단어들은 7개에서 ±2개 정도를 한 번에 외울 수 있다고 해. 그래서 전화번호 숫자 같은 것들이 이 개수를 넘지 않도록 설계되기도 했지. 하지만 그 이후의 연구들은 3~4개 정도를 잠깐 기억할 수 있다고 이야기하고 있어. 그런데 개수는 크게 중요한 게 아니란다.

여러 가지 일을 한꺼번에 처리하는 것으로는 컴퓨터를 따라올 것이 없잖니? 컴퓨터에는 2개의 저장 장치가 있는데, 하나는 HDD나 SSD라고 부르는 장기저장 장치이고, 지금 당장 프로그램을 움직이는 데 사용하는 것은 Ram이라는 저장 장치야. 컴퓨터 전원을 끄면 Ram에 저장된 것은 사라지는데, 장기저장 장치에 저장된 것은 사라지지 않지. 우리의 기억도 이와 아주 흡사해.

작업 기억에서 몇 개의 내용을 동시에 처리하는 건 여러 개의 공을 가지고 저글링을 하는 것과 비슷해. 하나의 기억에 여러 가지 기억을 연결시켜서 조금 더 기억할 수는 있지만, 그것도 한계는 존재한단다. 저글링을 아무리 잘하는 사람도 공의 무게가 점점 늘어나거나 크기가 커진다면 저글링을 하기 어려워지는 상황과 같지. 바로 그 점을 잘 이해하는 게 좋단다.

공부를 할 때도 여러 개를 한꺼번에 하면서 기억하는 것보다, 하나씩 집중해서 깊이 공부하는 게 도움이 될 거야. 오늘 이야기 어려웠을지도 모르는데, 조금씩 생각의 단계를 거쳐야 더 기억이 잘되니 이해하려고 노력해 보려무나.

휴리스틱 또는 발견법

공부하는 학생이라면 보다 짧은 시간 내에 정확하게 많은 내용을 기억하고, 또 인출하는 방법에 대한 관심이 높다. 학생들이 보다 쉽고 재미있게 학습하도록 이끌어야 할 교사 입장에서도 마찬가지다. 여기에 한 가지 더! 나도 모르게 엉터리로 기억하도록 만드는 지름길의 유혹에 대해서도 알려 줄 필요가 있다.

현실에서는 우리가 처리할 수 있는 양보다 더 많은 정보를 만난다. 그래서 인간은 불완전한 심리적 지름길을 이용해서 대처하게 된다(Danny Oppenheimer, 2018). 시간이나 정보가 불충분하여 합리적인 판단을 할 수 없거나, 굳이 체계적이고 합리적인 판단을 할 필요가 없는 상황에서 신속하게 사용하는 어림짐작의 기술을 '휴리스틱(heuristic)' 또는 '발견법', '간편 추론법'이라고 한다. 발견법은 결과적으로 정신력을 절약해 주기는 하지만 판단을 왜곡하기도 한다. 그중 대표적인 것들이다.

◆ 가용성 휴리스틱

최선의 정보를 찾지 않고, 쉽게 떠올려서 생각할 수 있는 차선의 정보에 의지하는 발견법이다. 쉽게 말하면 순간 머릿속에 떠오르는 것을 더 중요하다고 생각하는 것이다(강준만, 2013).

예를 들어 언론이 집중 조명한 사건 사고를 본 후 당신 머릿속에는 그 사고 장면이 잠시 동안 남아 있게 된다. 그리고 이제 세상은 실제보다 훨씬 더 위험하게 느껴진다.

◆ 기준점 휴리스틱

'앵커링 효과'라고도 한다. 배가 특정 지점에 닻을 내려 정박하듯 생각도 특정 지점을 정하고 나면 그 범위를 벗어나지 못한 채 인지적 처리를 하는 것을 뜻한다.

예를 들어 어떤 물건의 견적을 알아볼 때 방금 들은 금액이 얼마이든 그 수치에 가깝게 견적을 맞춰 버리는 경향이 있다. 그것이 자신이 내리려는 판단과 전혀 상관없는 분야의 수치라고 해도 말이다. 수행평가에서 좋은 점수를 받은 학생을 다음번에 채점할 때도 예전에 받은 점수가 기준점(닻)으로 작용한다(Danny Oppenheimer, 2018).

◆ 대표성 휴리스틱

어떤 대상이나 사람이 특정 범주의 전형적인 특성을 얼마나 많이 나타내는지, 즉 대표성이 있는지에 근거하여 특정 범주에 속할 확률을 판단하는 인지적 책략이다(한국심리학회, 2014).

예를 들어 원조 논쟁을 들 수 있다. A사의 제품이 원조냐, B사의 제품이 원조냐에 대해 묻는 것은 최초의 상품, 최초의 기술이란 점에서 장기적으로 오래 기억되고 후광 효과를 기대할 수 있다. 국내 한 대형마트는 '최저가격보상제'를 실시했다. 똑같은 상품을 다른 매장에서 더 낮은 금액으로 판다는 증거를 제시할 경우 그 차액만큼을 환불해 주는 것이다. 이 제도를 최초로 선보임으로써 소비자에게 '최저가로 물건을 파는 곳'이라는 이미지를 각인시키며 대표성을 심어 주었다고 볼 수 있다(곽준식, 2012).

4 집중하기 위해 먼저 해야 할 일

 생강 선생님께.

가끔 저도 모르게 노래를 흥얼거릴 때가 있어요. 한 번은 샤워를 하고 나오니 엄마가 무슨 노래를 그렇게 부르냐고 물어보시는데, 제가 노래를 부르고 있다는 사실조차 알아차리지 못했다니까요. 그러고 나서 생각해 보니 그날 음악 시간에 배운 노래를 계속 부르고 있더라고요. 어떤 날은 학교에서도 수업 시간에 생각 없이 크게 노래를 부른 적이 있어서 담임선생님과 친구들 앞에서 정말 창피했어요.

선생님, 왜 이런 거죠? 왜 하루 종일 같은 노래를 흥얼거리는 걸까요?

선생님도 같은 경험이 있단다. 집에 돌아오는 길에 택시를 탔는데, 택시에서 들었던 노래가 집에 오는 내내 생각이 나는 거야. 그래서 잠깐 멈춰 선 후 그 노래를 끝까지 부른 다음에 집에 들어왔단다. 선생님이 집에 들어오기 전에 노래를 끝까지 부른 이유는 그 노래가 생각나지 않게 하려고 그런 거란다.

여기에 대해서 이야기한 심리학자가 있단다. 물론 머릿속에 계속 맴도는 노래 때문에 만든 건 아니지만 말이야. '게슈탈트 상담'을 만든 프리츠 펄스라는 심리학자야. 게슈탈트(gestalt)는 '전체' 또는 '형태'라는 뜻의 독일어야. 게슈탈트 상담은 전체적인 관점을 중요하게 이야기했단다. 어떤 일이 잘 마무리되지 않으면 계속 영향을 미친다고 이야기했는데, 그걸 '미해결 과제'라고 해.

그림을 그리고 있는 화가를 떠올려 보자. 화가가 그림을 어떻게 마무리할까 고민하고 있는 중에 전화를 받았는데, 집에 급한 일이 생겨서 가야만 하는 거야. 그러면 집에 가서도 마무리 짓지 못한 그림이 계속 생각나겠지? 하지만 다음 날 작업을 마무리하게 되면 그림에 대한 고민은 눈앞에서 사라지지. 게슈탈트 상담에서는 그러한 상황을 게슈탈트(형태)가 완성이 되어서 배경이 되었다고 이야기했단다. 하지만 미해결 과제가 있을 때는 방해가 되고, 그러면 지금 이 순간에 집중하지 못하게 되는 거지.

선생님 이야기를 듣고 보니 비슷한 경험이 떠올랐어요. 숙제를 하다가 친구 부탁으로 다른 일을 하게 되었는데, 계속 숙제가 생각이 나서 친구가 부탁한 일도 제대로 되지 않았어요. 이런 게 바로 미해결 과제 때문에 생긴 일 맞죠? 그런데 이렇게 미해결 과제가 저를 괴롭힐 땐 어떻게 해야 돼요? 선생님처럼 노래를 끝까지 부르고 와야 해요?

민준아, 하던 일을 잘 마무리 짓는 게 중요하단다. 그것도 자신에게 만족스럽게 말이야. 노래 정도야 계속 흥얼거려도 큰 상관이 없지만, 감당하기 어려운 일이 계속 미해결 과제로 남아 있으면 마음에 큰 부담이 된단다. 새로운 일을 시작하는 데 방해가 되지.

혹시 장례식장에 가 본 일이 있는지 모르겠구나. 장례식장에 가면 사랑하는 가족을 떠나보내는 사람들을 볼 수 있지. 남은 가족은 슬픔이 크지만 여러 가지 장례 절차에 참여해야 해. 그때마다 떠나는 이에 대한 아쉬움과 사랑의 말을 나누는 시간을 갖는데, 이 시간은 떠나는 이의 죽음을 받아들이고 떠나보내기 위한 과정이란다. 이 과정을 거치면서 미해결 과제를 남기지 않으려는 사람들의 오랜 지혜라고 볼 수도 있지 않을까?

우리 사회에도 슬프고 어려운 일들이 많잖니. 그 일을 겪은 사람들에게 미해결 과제가 있다면 마음이 정말 괴롭겠지. 그들을 돕는 일은 그들의 이야기를 들어주고 함께 이야기를 나누는 것이 아닐까 선생님은 생각해 본다.

게슈탈트 기도문

게슈탈트 상담은 1960년대에 이미 미국에서 가장 영향력 있는 상담기법 중 하나가 되었다. 프리츠 펄스가 게슈탈트 상담 내용을 바탕으로 만든 기도문은 사람들에게 큰 인기였다.

> 나는 나의 할 일을 하고,
>
> 너는 너의 일을 한다.
>
> 나는 너의 기대를 만족시켜 주기 위해
>
> 이 세상에 존재하는 것이 아니고,
>
> 너 또한 나의 기대에 부응하기 위해
>
> 이 세상을 살아가는 것이 아니다.
>
> 나는 나, 너는 너.
>
> 만일 우리가 우연히 서로 찾을 수 있다면
>
> 그건 정말 멋진 일이지만,
>
> 만약 그렇지 못한다 하더라도
>
> 그것 또한 어쩔 수 없는 일.

펄스의 이론은 1980년대에 와서는 다소 개인주의적이고 기법 사용에 치우쳤던 경향을 반성하면서 보다 관계적이고 대화적인 방향으로 발전하고 있다. 이에 월터 텁스(Walter Tubbs)는 관계를 중시하여 시를 이렇게 각색하였다.

만일 내가 내 일만 하고 당신은 당신 일만 한다면

우리는 서로를 잃게 될지도 모릅니다.

또 우리 자신도 잃게 될지도.

나는 당신의 기대에 맞춰 살기 위해

이 세상에 태어난 것이 아닙니다.

하지만 나는 당신을 고유한 존재로 확인시켜 주기 위해

이 세상에 살고 있습니다.

또 나도 당신으로부터 확인받아야 합니다.

우리는 오직 우리의 관계 속에서만

서로 온전히 우리 자신이 될 수 있습니다.

나는 소극적으로 가만히 앉아

어떤 일이 내게 일어나기를 기다리기보다는

적극적으로 행동함으로써

일이 일어나게 만들 수 있습니다.

물론 나는 나 자신으로부터 시작해야 합니다.

하지만 나 자신에서 끝나서는 안 됩니다.

우리 둘이 만날 때

무언가 진정한 것이 시작됩니다.

— Beyond Perls(1972)

짧지만 강렬한 이 시는 관계를 맺고 그 안에 존재하는 모든 이들에게 시사점을 준다. 아이와 엄마가 함께 읽어도 좋은 시다. 한편으로는 매일 학생들을 대하며 살아가는 교사에게도 큰 시사점을 준다. '나'에는 '교사'를 '너'에는 '학생'을 넣어 바꾸어 읽어 보면 가슴에 와닿는 구절이 있을 것이다. 학생 없이는 교사가 존재할 수 없고, 교사 없이도 학생이 존재할 수 없기 때문이다.

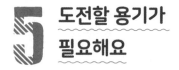

5 도전할 용기가
필요해요

 생강 선생님께.

오늘은 체육 시간에 뜀틀을 했어요. 제 순서는 중간쯤이었고, 앞에서 친구들이 한 명 한 명 뜀틀을 넘는데 다 제각각이었어요. 달려가다가 겁이 나서 멈춘 아이도 있었고, 멋지게 넘는 친구도 있었고요. 특히 지훈이가 넘었을 때는 다들 함성을 질렀어요. 올림픽에 출전한 선수처럼 손을 머리 위로 드는데 10점을 주고 싶더라니까요.

드디어 제 차례가 왔고, 저도 숨 한번 크게 쉬고 달려갔는데 엉덩이가 뜀틀 끝에 살짝 걸려서 쿵 소리를 내며 간신히 넘었죠. 친구들이 하하하 웃어서 창피했지만 몇 번 해 보니까 요령이 생겨서 나중에는 쉽게 넘을 수 있었어요.

그런데 겁을 먹고 수업이 끝날 때까지 넘지 못하는 친구가 있었어요. 달려가다가도 주저하며 속도를 줄여 버리거나, 갑자기 멈춰서니까 뜀틀을 넘을 수가 없는 거예요. 다들 그 친구에게 용기를 주려고 엄청 노력했는데도 쉽지 않더라고요. 그래서 말인데요, 혹시 뜀틀을 넘을 수 있게 용기를 주는 심리학도 있나요?

용기의 심리학, 정말 아름다운 주제구나. 용기를 갖고 싶지 않은 사람이 있을까? 당연히 용기의 심리학은 있지. 선생님이 좋아하는 심리학자인 아들러가 바로 '용기의 심리학자'라고 불린단다. 그럼 아들러는 뭐라고 말했는지 한번 이야기해 볼까?

아들러는 용기 중에서도 '불완전할 용기'에 대해 이야기했어. 이 말은 용기가 필요한 상황을 생각해 보면 잘 이해할 수 있단다.

우리에게는 언제 용기가 필요할까? 두려울 때, 새로운 일을 시작할 때, 뭔가 마음속 이야기를 털어놓고 싶을 때 등이겠지. 그러한 상황에서 용기가 없을 땐 어떤 모습이 될까? 다른 사람의 눈치가 보이고, 의기소침해지고, 의욕을 잃은 모습일 거야. 그런 순간에 필요한 건 어떤 생각일까?

1. 내가 이 일을 하기에 적합하니까 나는 무조건 잘할 거야.
2. 나는 어떤 점에서는 부족하지만 용기를 내서 해 볼 거야.

아들러는 두 번째 생각이 '불완전할 용기'라고 말했어. 겁이 나고 두려운 상황은 내가 잘 알고 있는 상황이 아니거든. 마치 오늘 민준이가 해 본 뜀틀처럼 말이야. 뜀틀을 처음 넘어 보는데 어떻게 내가 잘할 수 있을지 알 수 있겠니. 자신에게 암시를 걸 듯 할 순 있겠지만, 자신이 완벽하다고 생각하는 사람은 마음속엔 걱정이 가득하단다.

내가 완벽하지 않다는 걸 들키면 어떡하지?
내가 실수하면 사람들이 나 보고 이상하다고 말할 거야.

인간은 완벽하지 않아. 언제나 불완전하단다. 어릴 적엔 부모님의 도움 없이는 생존할 수 없고, 어른이 되어서도 여전히 모르는 것투성이어서 늘 배워야 하지. 그래서 당황스러운 일을 만나면 눈물이 나고, 가끔은 화를 주체하지 못하고 엉뚱한 결정을 내리기도 한단다.

불완전할 용기는 불완전할 존재가 될 용기를 뜻해. 하지만 불완전한 상태로 멈춰 있는 게 아니라, 거기서 출발하지만 노력해서 좀 더 나은 존재가 되려는 시도가 바로 불완전할 용기인 거야.

심리학자 칼 로저스(Carl Rogers)는 이렇게 말했어.

"나를 있는 그대로 받아들일 때에야 변화가 시작될 수 있다. 이것은 참 역설적인 일이다."

여기에서 '나를 있는 그대로 받아들인다'는 걸 아들러식으로 말하면 불완전함을 인정하는 거야. 그리고 그럴 때 진정한 변화가 시작되는 거지. 오늘 뜀틀 앞에서 두려워하는 친구를 돕고 싶다면, 자신의 불완전함을 인정하는 데서 시작해 보라고 이야기해 보렴.

"우리는 이걸 잘 못하기 때문에 배우는 거라고 생각해. 당연히 겁이

나겠지만, 선생님이 더 잘 알고 계시니 그 말을 믿고 해 보면 어떨까? 뜀틀을 완벽하게 넘으려는 생각은 조금 뒤에 두고 말이야. 나도 아까 엉덩이를 부딪치면서 넘었더니, 다음번엔 조금 변화를 줘 보자는 생각이 들더라."

이렇게 이야기해 준다면 그 친구가 용기를 내는 데 도움이 될 수 있을 것 같구나.

* 추신 : 참고로 선생님은 뜀틀을 넘다가 팔이 부러진 적이 있어. 그때 이후로 뜀틀만 보면 가슴이 울렁거렸지. 그때 가장 도움이 된 생각이 '잘 모르니까 배우는 거다. 선생님이 가르쳐 주신 대로 해 보자. 한 번에 안 되어도 좋으니 조금씩만 변화하면 될 것 같아.'였어. 그리고 지금은 뜀틀을 잘하게 되었단다.

용기의 심리학

용기란 무엇일까? 용기는 미덕 중 하나이거나 마음 상태일 수도 있고, 감정이나 행동일 수도 있다. 단순하게 말하면 용기는 어려움이 있는 상황에서 위험을 감수하고 앞으로 나아가려는 마음이다(Yang 외, 2010).

'용기의 심리학'으로 알려진 아들러 심리학은 진짜 용기와 위장된 용기를 구분하는 데 '실용적인 지혜'가 필요하다고 말한다. 위험을 알아차리지도 못하고 비현실적인 낙관론을 펴는 것은 위장된 용기일 뿐이다. 진짜 용기 있는 사람들은 두려움을 이겨 내고, 상황에 대한 철저한 평가를 가진다.

용기의 결과는 항상 타인을 위한 큰 선이 된다. 용기 있는 행동이 누구에게 도움이 되는가에 대해 질문해 볼 수 있다. 그래서 용기 있는 행동에는 확신이 존재한다. 자신의 행동이 나의 이로움을 위한 게 아니라, 사회를 이롭게 하고 발전시키는 데 있다는 확신이 생기는 것이다. 또한 용기는 위험을 평가하고, 기술을 습득하고, 문제를 해결해 나가는 데 필수적이다. 이러한 용기는 학생뿐 아니라 교사에게도 필수적이다.

아들러 심리학을 적용한 교사 훈련 프로그램인 STET(Systematic Training for Effective Teaching)는 교사들이 불완전할 용기를 발전시켜야 한다고 이야기한다. 교사도 틀리기 쉬운 존재이며, 따라서 자신과 학생에 대한 실제적인 기준을 설정해야 한다는 사실을 받아들일 필요가 있다고 강조한다. 실수를 통해 배울 수 있다는 것을 인식함으로써, 실수에 대한 두려움 없이 새로운 것을 시도하도록 학생들을 격려할 수 있다(Dinkmeyer, 1996).

불완전할 용기를 다르게 표현하면 '있는 그대로 내가 될 용기'라고 설명했다. 다시 말하면 불완전한 존재로서 있는 그대로 우리 자신을 수용할 용기다. 건강한 삶을 위해 자신의 불완전하고 열등한 측면을 직시하면서 온전히 자기를 수용할 용기가 필요하다(노안영, 2016).

많은 교사들이 새 학기가 시작되기 전 비슷한 악몽에 시달린다는 이야기를 한다. 새로 맡은 학급이 교사의 지도를 따르지 않거나, 아무리 말을 해도 상황이 걷잡을 수 없이 커지곤 하는 악몽 말이다. 교사가 꿈꾸는 교사의 역할 안에는 늘 '통제'와 '완벽'이 숨어 있는 듯하다. 앞에서 언급한 STET는 이러한 교사의 완벽주의가 사회의 비현실적인 기대와 요구를 고려하기 때문에 이해할 만한 것이라고 말하고 있다. '교사는 ○○해야 한다.'는 사람들의 생각을 만족시키려고 시도하기 때문에 완벽주의의 함정에 빠지게 된다는 것이다. 그리고 그로 인해 교사가 상처를 받는다는 것이다. 그 해결책으로 '불완전할 용기', 다른 표현으로 말하자면 '있는 그대로 내가 될 용기'가 제안된다. 이 제안을 받아들이느냐 마느냐의 문제는 개인의 선택이지만, 우리 자신이 원래부터 불완전하다는 것은 상식의 문제다. 불완전할 용기를 가지는 것은 불완전한 상태에 멈추기로 한 것이 아니라, 거기서부터 시작하기로 인정하는 용기다.

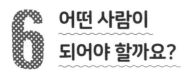

6 어떤 사람이
되어야 할까요?

 생강 선생님께.

얼마 전 사회 시간에 자기 일이 아닌데도 나서서 도와주고, 또 어려운 사람들과 함께하는 영상을 보았어요. 희생하고 봉사하는 사람들의 모습이었죠. 자기 이익을 위한 일도 아니고, 때로는 목숨이 위협받는 상황에서도요. 영상을 보는 내내 '나라면 저렇게 할 수 있을까?', '저들은 나와는 다른 사람이겠지.' 하는 생각이 들더라고요. 그 사람들은 왜 그렇게까지 힘들고 어려운 길을 택했을까요?

제 꿈은 방송국 PD인데, 그 영상을 보고 난 후 그들에 비해 전 쉽고 좋아 보이는 일만 선택한 건 아닌지 반성하게 되었어요.

민준아, 선생님도 요즘 '내가 하는 일은 어떤 의미가 있을까?', 또 '좋은 사회란 어떤 걸까?'에 대해 고민하고 있단다. 이 주제는 선생님이 좋아하는 심리학자인 아들러의 고민이기도 했단다. 아들러는 그들의 행동에 대해 '사회적 관심(social interest)'이란 표현을 사용했는데, 이는 다른 사람의 눈으로 보고, 다른 사람의 귀로 듣고, 다른 사람의 가슴으로 느끼는 것을 말해.

예를 들어 볼 필요도 없이, 민준이가 사회 시간에 영상을 통해 본 사람들을 떠올려 보렴. 그 사람들이 자기만 생각했다면 그런 행동을 할 수 있었을까? 그래, 그들은 자기가 속한 공동체를 생각했단다. 또 그 공동체가 속한 사회를 생각하고, 나아가 세상을 생각했을 거야. 자신의 행동이 세상을 이롭게 하고, 다른 사람들에게 도움이 된다고 믿었기에 기꺼이 그 일을 해낼 수 있었던 거지. 어때? 사회적 관심이 어떤 의미인지 금방 알겠지?

아들러는 사람들에게는 기본적으로 사회에 공헌하려는 마음이 있을 것이라고 보았어. 다만 그 크기는 사람마다 다르다고 생각했지. 아들러가 살았던 시대는 인류의 역사에서 가장 슬픈 순간 중 하나였단다. 전 세계가 전쟁에 휘말려 있었거든. 그 시대에도 사람들은 어떻게 살아야 할지를 고민했단다. 세계 대전을 겪으며 아들러는 인간이 자기 자신에게만 관심을 가지면 어떻게 되는지, 자기 나라에만 관심을 두면 어떻게 되는지를 철저히 깨달은 거야. 지도자가 수단과 방법을 가리지 않고 자기의 이익만을 추구할 때 세상에 끼치는 악영향을 말이야.

선생님은 사회적 관심을 생각할 때마다 떠오르는 인물이 있는데, 남아프리카공화국 최초의 흑인 대통령이자 흑인 인권 운동가였던 넬슨 만델라(Nelson Mandela)야. 만델라가 살았던 남아프리카공화국에는 '우분투(UBUNTU)'라는 말이 있는데, 우리말로 풀면 '네가 있기에 내가 있고, 우리가 있기에 내가 있다.'는 뜻이란다.

아프리카 부족의 문화를 연구하던 한 인류학자가 어느 부족 아이들에게 달리기 시합을 시켰어. 1등을 하면 맛있는 과자를 주겠다고 말했지. 그런데 아이들이 달려갈 때는 각자 가더니 돌아올 때는 모두 손을 잡고 돌아오는 거야. 그래서 물었더니 "과자를 못 먹어서 옆의 아이가 슬퍼하는데, 어떻게 저만 행복할 수 있나요?"라고 되물었다고 해. 그게 바로 우분투의 정신이지.

만델라는 심한 인종 차별의 현장에서 우분투의 정신을 몸소 실천한 사람이야. 그는 우분투를 이렇게 설명했단다.

"우분투는 자신을 위해 일하지 말라고 강요하는 것이 아닙니다. 중요한 점은, 여러분 주변의 공동체가 더 나아지도록 일을 하고 있느냐는 것입니다. 이것이 인생에서 가장 중요한 점입니다. 만일 여러분이 그런 일을 하고 있다면, 다른 사람들이 고마워할 아주 중요한 일을 한 것입니다."

우리가 이야기한 사회적 관심과 정말 비슷하지 않니? 사람들이 존경하고 본받으려는 사람들을 자세히 살펴보렴. 그들에겐 공통적으로 높은 사회적 관심이 발견된단다.

* 추신 : 선생님의 고민에 대해 스스로 답해 보자면, 선생님이 하고 있는 일들도 세상을 조금씩 나은 곳으로 만들어 가는 데 도움이 된다고 믿고 싶구나. 어쩌면 이 편지도 선생님에겐 사회적 관심을 표현하는 일 중의 하나처럼 생각되는구나.

사회적 관심과 활동성에 따른 성격 유형

'사회적 관심'을 이야기한 아들러는 유형론자는 아니었다. 모든 사람은 독특한 인간이며, 어떠한 두 사람도 같지 않다고 보았기 때문이다. 그러나 활동성과 사회적 관심의 유무를 조합하였을 때 성격을 몇 개의 범주로 나누어 일종의 유형으로 제시할 수 있다(Lundin, 1989).

다음의 표는 두 가지 범주가 있다. 가로는 사회적 관심이고, 세로는 활동성이다. 이 범주는 교실에서 학생들을 이해하는 하나의 관점이 될 수 있다.

		사회적 관심	
		높음	낮음
활동성	높음	사회적으로 유용한 유형	지배형
	낮음	(존재하지 않음)	기생형 회피형

◆ **지배형** : 사회적 관심은 낮으나 활동성이 높은 사람들은 다른 사람에게 상처를 주거나 타인이나 자신을 공격할 수 있다. 타인에게 상처를 주거나 혹은 착취를 통해 우월성을 성취한다.

◆ **기생형** : 활동성도, 사회적 관심도 낮은 유형이다. 아들러는 이 유형이 가장 빈도가 높다고 생각했다. 이 사람들은 타인에게 모든 것을 기대하지만, 아무것도 되돌려 주지 않는다.

◆ **회피형** : 활동성과 사회적 관심이 낮은 다른 유형이다. 회피형은 삶의 문제들을 해결하기 위해 노력하기보다는 회피한다.

◆ **사회적으로 유용한 유형** : 활동성도 높고, 사회적 관심도 높은 유형이다. 이들은 타인에게 도움이 된다. 이들은 타인의 욕구를 의식하고 지역사회의 이익에 기여한다. 이런 유형은 인류의 진화 과정에서 매우 유용하게 깊숙이 관여해 왔다.

◆ **사회적 관심은 높으나 활동성은 낮은 유형** : 이 유형은 존재할 수 없다는 것이 아들러학파의 의견이다. 사회적 관심이 높다는 것은 어느 정도의 활동성이 있음을 의미하기 때문이다.

이러한 유형론의 핵심은 활동성에 있지 않다. 활동성은 단순히 신체활동으로 국한되는 것만은 아닐뿐더러, 활동성이 높다고 해서 더 유용한 유형이 되는 것이 아니기 때문이다. 사회적으로 건강한 유형은 사회적 관심에 달려 있다.

이러한 유형론이 잘 드러나는 장면이 다른 반과의 축구 시합이다. 축구를 잘하지만 자신의 활약에만 관심이 있어서 다른 학생들에게 지시를 내리고 화를 내는 학생이 지배형의 인물이다. 활동성은 높지만 대다수의 학생들은 그와 함께 운동하길 좋아하지 않는다. 축구에서 아이들이 같은 팀을 하고 싶어 하는 학생은 팀을 위해 공헌하는 사람이다. 절묘한 패스로 기회를 만들어 주고, 사기가 꺾였을 때 먼저 손 내미는 친구이다. 우리 모두는 그러한 사람을 좋아한다.

아들러 심리학은 다른 사람에게 배려와 관심을 표현하고 실천하는 사회적으로 유용한 사람이 되는 것을 목표로 삼아야 한다고 말한다. 그리고 그건 많은 교사들이 학생들에게 공통적으로 기대하는 바일 것이다.

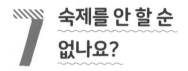

7 숙제를 안 할 순 없나요?

 생강 선생님께.

저는 숙제가 너무 하기 싫어요. 무엇보다 숙제가 너무 많다고 생각해요. 학교 숙제에 학원 숙제까지 하고 나면 항상 한밤중이에요. 이게 진정 어린이의 삶이라 할 수 있나요? 엄마도 옛날에는 이렇게까지 공부 안 했는데, 지금은 세상이 달라져서 어쩔 수가 없대요. 혹시 심리학에 숙제는 반드시 해야 한다는 이야기가 있을까요? 그럼 좀 위로가 될 것 같아요.

민준아, 슬픈 이야기를 좀 하자면 어른이 되어서도 숙제는 사라지지 않는단다. 물론 성격은 좀 달라지지. 학생 때는 공부한 내용을 확인하는 것이 숙제라면, 어른이 되어서는 살아가면서 해결해야 할 인생의 과제를 말하지. 어려운 말로는 '과업'이라고도 해. 과업에 대한 심리학자들의 의견은 크게 두 가지로 나뉘는데, 시기별로 하나의 과제를 해야 한다고 말한 사람이 있고, 여러 가지 과제를 동시에 요구받는다고 이야기하는 사람도 있었단다.

시기별로 하나의 과제를 해야 한다고 말한 사람은, 그 과제를 해결해야 다음 단계로 나아갈 수 있다고 말했어. 만약 그 단계를 해결하지 못하고 넘어가게 되면 다음 단계에 영향을 미친다고 말하기도 했고. 네 이야기를 듣고 해 주고 싶은 이야기는 두 번째 경우야. 여러 가지 과제를 동시에 해야 한다고 말하는 쪽의 이야기가 도움이 될 것 같구나.

심리학자 아들러는 '생의 과제'로 세 가지를 이야기했단다. 아들러의 심리학을 연구한 학자들은 나중에 두 가지를 더 추가했지만, 여기서는 아들러가 이야기한 세 가지를 중심으로 설명할게.

- 일 : 학생들에겐 공부가 해당되지.
- 우정 : 친구들과 여가를 보내고 일상을 지내는 일에 해당해.
- 사랑 : 사랑하는 연인을 만나 친밀한 관계가 되고, 가족을 이루는 것을 말해.

이 세 가지에는 우선순위가 없어. 세 가지가 동시에 충족되어야 하지. 예를 들면 학생에게는 공부하고(일), 친구와 잘 지내고(우정), 가족과의 사랑(사랑)이 인생의 과제란다. 청년이 되면 원하는 일을 하고

(일), 주변 사람들과 건강한 관계를 맺고(우정), 연인과의 결혼(사랑)이 중요한 과제가 된단다. 또 중년이 지나면서 일에서 성취를 이루고(일), 서로 발전하는 관계를 맺고(우정), 가족과의 사랑(사랑)이 중요한 과제가 되지. 상황에 따라 조금씩 다를 수 있겠지만, 살면서 세 가지 과제를 동시에 해야 한다는 점에서 아주 중요한 일이야.

한 단계씩 과제를 해결하는 건, 식물이 자라는 모습과 같아. 떡잎일 때, 잎이 났을 때, 꽃이 피었을 때처럼 한 단계씩 성장해야 그다음 단계를 만날 수 있지. 하지만 떡잎이나 잎사귀가 자라날 때도 물과 햇빛만 필요한 건 아니잖니? 바람과 적당한 양분도 필요하지. 무엇보다 관심과 사랑이 꼭 있어야 하고 말이야.

한편 여러 과제를 동시에 해결해야 하는 건 건물의 기둥이나 탁자의 다리에 비유할 수 있겠다. 건물의 기둥이나 탁자의 다리는 무엇보다 균형이 중요하지. 어느 한쪽이 약하다면 금방 무너져 버릴 테니까.

지금 민준이가 해야 하는 공부와 숙제는 떡잎 상태인 민준이가 다음 단계로 성장하기 위해 필요한 아주 중요한 일이란다. 그러나 놓치지 말아야 할 건, 지금 민준이에게 필요한 일이 딱 그거 한 가지만 있진 않다는 거야. 친구들과 좋은 관계를 맺고, 가족과 행복하게 지내는 것도 중요하단다. 그러니 민준이의 현재 삶에서 무엇이 부족하고 필요한지 잘 생각해 보고, 부모님과 함께 이야기해 보는 시간을 가졌으면 한다. 민준이를 사랑하는 부모님은 분명히 귀 기울여 주실 거야. 혹 부모님과의 대화에 심리학의 도움이 필요하다면, 선생님은 언제든 준비되어 있다는 거 기억해 주렴.

생애 과제

아들러는 모든 사람이 적어도 세 가지 주요한 인생 문제, 즉 일, 우정, 사랑에 직면한다고 믿었다. 해럴드 모삭(Harold Mosak)과 드라이커스는 아들러가 잠시 암시했던 네 번째와 다섯 번째 과제를 확인하였다. 네 번째 과제는 우주, 신 혹은 보다 높은 힘과 관련된 영적 자기를 다루는 것이다. 다섯 번째 과제는 주체인 내(I)가 객체인 나(me)에게 적용하는 개인의 성공에 관한 것이다(Sweeney, 1998).

네 번째 과제인 '영성'은 자기 자신을 우주와의 관계 속에서 정립하는 문제다. 우리는 우리가 이해하고 있든, 그렇지 못하든 모든 환경의 부분일 뿐이다(I am part of whole). 이 과제는 '영성', '실존', '의미 추구' 등으로 불렸다.

다섯 번째 과제는 자기 자신과 잘 지내는 법, 자기 자신을 잘 다루는 법을 배워야 한다는 말로도 표현된다. 자기 자신과 잘 살기를 배우고, 자기 강점과 약점을 받아들이고, 잘못되는 것에 대한 두려움을 버리는 것을 배우는 일은 매우 중요하다. 이 과제를 '자기돌봄'이나 '자기수용'이라고도 할 수 있다(Sonstegar&Bitter, 2004, 재인용 Yang 외, 2005)

생애 과제를 서커스에 비유하기도 한다. 서커스에는 메인이 되는 공연과 손님을 끌기 위해 보여 주는 사이드 쇼(side show)가 있는데, 생애 과제는 메인이 되는 공연에 해당한다. 사회적 관심이 부족한 사람은 부분에만 집중하고, 전체를 균형 있게 진행하지 못한다. 이를 사이드 쇼에만 신경 쓰는 서커스 기획자라고 비유한 것이다. 어떤 경우에는 사이드 쇼를 끊임없이 하는 사이드 쇼의 달인이 생겨나기도 하는데, 이러한 생활 태도는 자신의 정상적인 기능을 방해하고, 사회와 직장, 가족 내에서 고립되기도 한다.

서커스의 사이드 쇼 비유는 학교에서도 시사점이 있다. 학교에서의 주된 활동은 여러 가지로 이야기할 수 있겠지만, 공부하는 일과 우정을 쌓는 일은 빼놓을 수 없을 것이다. 하지만 주된 활동은 제쳐 두고 주변의 것에만 신경 쓰는 학생들도 적지 않다. 그 학생들의 입장에서 생각해 보면 마냥 비난할 수만은 없다. 실은 그 학생들도 공부와 우정이 중요한 일인 줄 잘 알지만 두려운 마음에 회피하거나 다른 일에 집중하게 되는 것이다. 이들을 움직이게 할 수 있는 방법은 용기를 북돋는 일, 즉 '격려'다. 저마다 자신의 인생을 충분히 살아갈 수 있는 힘과 자원을 가지고 있기에, 작은 격려는 그 힘을 이끌어 내는 데 큰 역할을 한다.

8 실수를 할까 봐 겁이 나요

 생강 선생님께.

얼마 전 전교 학생회에서 졸업생에게 보내는 축하 영상을 찍자는 의견이 나왔어요. 그래서 학생회의 5학년 회장들이 한마디씩 하기로 했어요. 6학년인 저희도 그에 대한 인사를 남기기로 했고요. 집에서 연습할 때는 쉬웠는데, 막상 카메라 앞에 서니 살짝 긴장이 되더라고요. 하필이면 제 앞 친구가 자꾸 NG를 내는 바람에 다른 애들이 짜증을 내고 분위기가 안 좋은 상황에서 제 차례가 왔어요. 저까지 NG를 내면 안 될 것 같아서 잔뜩 긴장해서 외운 말을 그냥 해 버렸는데, 표정도 신경 쓰지 못한 채 좀 어정쩡하게 말을 해 버린 것 같아요.

그동안 실수하지 않으려고 긴장했던 적이 꽤 있어요. 그러다 보니 노력한 만큼 보여 주지 못해 속상한 때도 있었고요. 어떻게 하면 겁을 먹지 않을까요? 또 실수를 하게 된다면 어떻게 대처해야 할까요?

민준아, 긴장된 상황을 맞닥뜨렸을 때 느끼는 당혹감이나 두려움은 나이가 많거나 적거나 크게 다르지 않단다. 다만 어린이의 경우 경험이 부족해서 더 당황할 뿐이지. 그럼 어떻게 해야 겁이 나지 않느냐고? 그 문제에 대한 답을 찾기 전에 먼저 실수가 무엇인지부터 이야기해 보자.

실수를 국어사전에서 찾아보면 '의도하지 않은 결과를 일으키는 인간의 행위'라고 나와 있어. 실수를 하면 우리가 의도하지 않은 결과가 일어나는 거지. 그런데 실수는 일어나면 안 되는 걸까? 어떤 사람의 실수 때문에 일어난 결과를 몇 가지 소개해 볼게.

첫 번째는 포스트잇이야. 3M이란 회사에서는 많은 돈을 들여서 새로운 접착제를 개발했는데 실패하고 말았어. 접착력이 약해서 너무 빨리 떨어졌거든. 그런데 개발자는 생각을 바꿨지. 한편으로 생각하면 임시로 붙였다가 뗄 수 있겠단 생각을 한 거지.

두 번째는 페니실린이야. 1928년에 세균을 연구하던 영국의 미생물학자 알렉산더 플레밍(Alexander Fleming)은 세균이 담긴 접시의 뚜껑을 열어 둔 채 퇴근을 했어. 아주 기본적인 실수를 한 거지. 그 접시에 푸른곰팡이가 날아왔는데, 그 주변에 있는 세균이 모두 사라진 걸 알게 되었단다. 이때 곰팡이에 털이 많았대. 그래서 이름을 '가는 털이 많다'는 뜻의 '페니실린'으로 지은 거야. 최초의 항생제 발견이었지.

마지막은 실수 때문에 만들어진 요리란다. 바로 시리얼이야. 요양원을 운영하던 하비 켈로그(John H. Kellogg)는 환자들에게 옥수수를 이용한 아침 식사를 제공하려 했는데, 반죽을 만들다 실패하고 말았어. 반죽이 딱딱하게 굳어 버린 거지. 버리기 아까워서 롤러로 얇게 펴서 구운 다음에 그걸 환자들에게 주었는데, 그게 사람들 입맛에 딱 맞았다는구나. 딱딱하고 바삭한 조각을 우유에 말아 먹었더니 정말 맛있었던 거야.

실수 때문에 생겨난 일을 더 찾으면 이것보다 훨씬 많을 거야. 과학에서는 이런 걸 '뜻밖의 발견'이라는 뜻을 가진 '세렌디피티(serendipity)'라고 부른단다. 물론 어떤 실수는 큰 손해를 입히기도 하지만, 이미 저질러진 실수에 집착했다면 놀라운 발견이나 발명은 없었을지도 몰라.

우리 인간은 완성된 존재일까, 미완성된 존재일까? 당연히 미완성된 존재일 거야. 누구나 새로운 일 앞에서 두려움을 갖고, 또 실수를 할 수 있어. 다만 그 실수를 어떻게 받아들이느냐의 문제라고 생각해. 한 번의 실수에 무릎 꿇고 다시는 새로운 도전을 하지 못하는 사람이 있는가 하면, 실수를 통해서 놀라운 발명이나 발견을 하는 사람들도 있잖니.

만약에 선생님이 졸업 영상을 만들었다면, 첫 부분에 너희들의 NG 장면을 몇 개 넣어서 웃음바다를 만들고 난 다음에 본격적인 이야기를 시작했을 것 같구나. 웃음 뒤에 오는 감동은 배가 될 테니까.

실수 효과(pratfall effect)

대부분의 사람들은 유능하고 완벽한 사람보다는 결점이 있고 실수도 하는 사람에게 마음을 쉽게 여기는데, 이를 '실수 효과'라고 한다. '엉덩방아 찧기 효과'라고도 하는데, 인지부조화 이론을 연구한 레온 페스팅거(Leon Festinger)로부터 심리학을 배운 엘리엇 애런슨(Elliot Aronson)의 실험에서 만들어진 이론이다.

애런슨은 전문 배우에게 퀴즈 대회 출전자처럼 행동하도록 훈련시켰고, 그가 어려운 문제에 척척 대답하는 것을 녹음했다. 그의 대답은 거의 정답이었을 뿐만 아니라, 그는 자신의 뛰어난 학업 성적과 학교생활에 대해서도 말했다. 한편 애런슨은 또 다른 버전의 녹음 테이프도 준비했다. 앞의 내용에다 출연자가 옷에 커피를 쏟는 부분까지 녹음된 테이프였다. 애런슨은 한 집단에게는 앞의 테이프를, 다른 집단에게는 뒤의 테이프를 들려주었다. 실험 결과는 매우 흥미로웠는데, 커피를 쏟는 내용까지 생생하게 들은 집단이 출연자에게 더 큰 호감을 보였다.

인간은 누구나 실수를 한다는 것을 알고 있기에, 자신의 실수를 인정하고 흔쾌히 사과할 줄 아는 사람에게 훨씬 호감이 간다는 연구 결과도 있다. 물론 실수를 했다고 모든 사람, 모든 상황에서 매력이 상승하는 효과가 나타나는 건 아니다. 권위를 가진 사람이나 업적이 훌륭한 사람, 사회적 지위가 높은 사람이 실수하고, 그 실수를 흔쾌히 인정했을 때는 매력이 상승하지만, 실수가 계속되거나, 그 실수가 윤리적인 비난을 받을 수 있는 것이라면 실수 효과는 나타나지 않는다.

인간은 실수를 할 수밖에 없는 불완전한 존재이고, 교사도 마찬가지다. 교사의 작은 실수는 때로 학생들과의 거리를 좁히는 좋은 계기가 되기도 한다. 또 실수에 대한 두려움이 큰 학생이 있다면 교사의 실수를 통해 동질감을 느끼고, 위안을 얻을 수도 있다. 인간적인 호감을 만들기 위해 일부러 실수할 필요는 없지만, 실수했을 때 그것을 겸허히 인정한다면 학생들과 돈독한 관계를 쌓는 데 좋은 계기가 될 수 있다.

또 학생이 잘못된 행동을 하거나 실수를 했을 때도 그 결과가 자신과 타인에게 어떤 영향을 미칠지 확실하게 이해시키고, 학생 스스로 문제를 해결할 수 있도록 열린 마음으로 대한다면 보다 좋은 결과를 이끌어 낼 수 있을 것이다.

9 꿈을 이루고 싶어요

 생강 선생님께.

오늘은 선생님께 제일 먼저 알려 드리고 싶은 기쁜 내용이 있어요.
드디어 제게도 명확한 꿈이 생겼어요. 언젠가 제 꿈이 PD라는 이야기
를 한 적이 있었죠? 그 후로 어떤 PD가 되어야 할까 늘 고민해 왔어요.

저는 자신의 꿈을 찾아가는 사람들을 돕는 프로그램을 만들고 싶어
요. 선생님과 편지를 주고받으면서 저도 누군가에게 도움을 주는 사람
이 되고 싶다는 생각을 하게 되었어요. 그래서 PD라는 꿈을 이루면서
어떻게 사람들을 도울 수 있을지 고민했죠.

그래서 말인데요, 사람들이 꿈을 찾도록 도우려면 그만큼 마음도 잘
읽을 수 있어야 할 것 같아요. 도움이 될 심리학자가 있을까요?

미래의 PD에게.

민준이가 꿈을 향해 한걸음씩 나아가는 모습이 참 보기 좋구나. 거기에 선생님도 한몫했다니 기쁘고 말이야. 그럼 꿈을 이루어 가는 것에 대해 이야기한 심리학자에 대해 소개해 주마. 바로 아브라함 매슬로우(Abraham Maslow)야.

매슬로우는 인간을 설명하면서 다섯 가지 욕구로 이루어져 있다고 말했단다. 이른바 '매슬로우의 인간 욕구 5단계 이론'이야. 이 이론에 의하면 사람은 누구나 다섯 가지 욕구를 가지고 태어나는데, 이 다섯 가지 욕구에는 우선순위가 있어서 단계가 구분된다는 거야. 그리고 아래의 욕구가 해결되어야 위의 욕구로 나아간다고 말했지. 말만으로 잘 모르겠지? 그림으로 볼까?

꼭 피라미드같이 생겼지? 피라미드를 지을 때 위에서부터 짓지 않고 아래에서부터 쌓아 가는 것처럼, 인간이 꿈을 이루어 가는 과정도 아래

부터 차곡차곡 채워진다고 해서 이렇게 그려 놓은 거란다.

제일 아래의 욕구는 배가 고프면 먹고 싶고, 졸리면 자고 싶은 '생리적 욕구'야. 두 번째는 누군가에게 괴롭힘을 당한다거나 강도를 당하지 않을 것에 대한 걱정으로부터 벗어나고 싶은 '안전의 욕구'야. 세 번째는 친구를 만나고, 연인을 만나고, 가족과 사랑을 나누고 싶은 '사회적 욕구'지. 그다음이 다른 사람을 존경하고, 또 다른 사람들로부터 존경받고 인정받고 싶은 '존경의 욕구'란다. 그리고 마지막이 자기가 원하는 것을 찾아 그 일을 하며 자기 삶을 완성하고 싶은 '자아실현의 욕구'란다.

매슬로우는 자아실현을 이루어 낸 사람들에 대해서 호기심이 많았어. 그래서 링컨, 제퍼슨, 아인슈타인, 간디처럼 널리 인정받는 역사적인 인물들을 조사하고, 그들의 공통된 특징을 정리했단다.

첫째, 현실에 대해 객관적으로 바라볼 수 있는 능력이 있다.
둘째, 인간의 본성을 받아들이는 태도를 가지고 있다.
셋째, 자신을 솔직하고 자발적으로 드러낸다.
넷째, 민주적인 태도를 가지고 있다.
다섯째, 타인과 인간관계를 맺을 수 있다.
여섯째, 타인의 감정에 공감하고 안타까워할 줄 안다.
일곱째, 일에 애정과 책임감을 가진다.
여덟째, 독립적이고 자율적으로 활동하고 싶어 한다.
아홉째, 매우 창의적이다. 새로운 경험을 좋아한다.

자아실현을 경험하면 말로 표현하기 힘든 감동적이고, 결코 잊을 수 없는 감정을 느끼게 되는데, 매슬로우는 그것을 '절정 경험(peak experience)'이라고 불렀단다. 자아실현이라고 해서 엄청난 일을 이루어야 하는 것은 아니고, 매 순간 자신이 바라는 일을 성취하는 것을 의미해. 예를 들어 민준이가 열심히 준비하고 공부해서 수학 단원평가에서 100점을 맞았다면, 그때의 경험은 나중에 민준이가 어른이 되어서 다른 일을 이루어 내는 데도 큰 도움이 된단다. '나는 노력하면 무엇이든 할 수 있다!'는 도전 의식을 불러일으키기에 학생 때의 절정 경험은 아주 중요하단다.

교실에서 본 매슬로우 욕구위계이론

학생들은 저마다 다른 단계에 놓여 있기 때문에, 매슬로우의 관점에서 교실을 바라보는 것은 여러 가지 시사점을 준다.

◆ **생리적 욕구** : 학생들의 생리적 욕구는 가장 기본적으로 해결되어야 한다. 이것이 해결되지 않으면 학생들은 건강과 체력에 문제를 일으킨다. 그러한 점에서 학생들이 일과 중 충분한 물을 마실 수 있는 방법이 마련되어야 하고, 수면이 부족해서 자꾸 조는 학생이 있다면 잠시 눈을 붙일 수 있는 공간이 학교 안에 있어야 한다.

◆ **안전의 욕구** : 학생들은 가정과 학교에서 안전함을 느낄 수 있어야 한다. 등하굣길이 위험하지 않은지, 학교에서 친구들로부터 괴롭힘을 당하고 있지는 않은지 교사는 관심을 갖고 살펴야 한다. 학생들에게 안전한 환경과 학교 문화를 만들어 주도록 노력해야 한다.

◆ **사회적 욕구** : 학생들은 건강한 관계를 맺고, 그 안에서 소속감을 느낄 수 있어야 한다. 친구들과의 관계에서 겉도는 아이가 있는지 세심하게 살피고, 함께 어울릴 수 있도록 배려해야 한다.

◆ **존경의 욕구** : 학생들은 능력을 개발하고, 원하는 바를 성취하고, 친구들로부터 존경받고자 하는 욕구가 있다. 교사는 학생들이 능력을 개발하고 발휘할 수 있도록 격려하고, 또 친구들이 알아차려 줄 기회를 마련해 주면 좋다.

◆ **자아실현의 욕구** : 교사는 학생들이 자신이 가진 모든 자원과 힘을 이용해 자아를 실현할 수 있도록 도와야 한다.

교사는 위계별로 각각 다른 목표를 가지고 학생들을 지도해야 한다. 능력을 드러내고 인정받을 수 있는 학급을 만드는 일은 당연할 테지만, 보다 하위에 있는 욕구조차 해결되지 않는 학생에겐 그러한 노력이 허사일지도 모르기 때문이다.

교사 또한 교실의 구성원으로서 자신의 하위 욕구가 잘 채워지고 있는지를 살펴볼 필요가 있다. 개인의 경제 상황이 나쁘지 않은지, 주거 환경이나 학교가 안전한지, 정서적으로 지지받고 있는지, 동료들과의 관계는 원만한지 등이 해결되어야 학생을 가르치고 그들의 성장을 기뻐할 여유가 생긴다. 학생들을 지도하고, 거기에서 기쁨과 보람을 찾는 일은 아주 높은 단계의 욕구 위계에 해당한다. 따라서 교사가 학생들을 지도하는 일에 최선을 다하게 하려면, 하위 단계의 욕구를 해결해 주려는 교육행정의 노력이 필요하다고 주장하는 목소리도 적지 않다.

10 사실 우리는 미래에서 왔어요

 생강 선생님께.

선생님과 편지를 주고받으면서 제가 맞닥뜨린 문제에 대한 심리학의 조언을 듣는 것은 아주 큰 도움이 되고 있어요. 그런데 선생님께 보내는 편지에 제 고민에 대해 적다 보면 때로는 '이런 걸 여쭤봐도 되나?' 하는 생각이 들 때가 있어요. 부모님은 제가 별것 아닌 일로 고민한다고 이야기할 때도 있거든요.

또 어떤 때는 지난번 여쭤봤던 내용과 비슷한 것을 고민하고 있어요. 여전히 같은 문제에 대해 고민하고 있는데, 과연 제가 변화할 수 있을까요? 어떻게 하면 제 문제에서 빠져나올 수 있을까요?

 민준아, 네 마음이 충분히 이해가 가는구나. 선생님도 별반 다르지 않기 때문이야. 하지만 그게 곧 선생님이 심리학 공부를 시작한 이유이기도 해서 지금도 포기하지 않고 있단다. 그럼 도움이 될 만한 이야기를 해 볼까?

우리 이번에는 재미있는 상상을 해 보자. 타임머신을 타고 미래로 가 보는 거야. 일 년 뒤나 10년 뒤의 민준이를 떠올려 보자. 그리고 지금의 문제를 바라보는 거야. 미래로 갔으니 지금의 문제는 과거의 일이 되었겠지? 그러면 어떻게 될까? 그 문제는 해결되었을까? 아니면 여전히 그 문제로 고민하고 있을까? 아마도 그 일은 해결되었을 가능성이 크고, 혹 해결되지 않았더라도 작게 느끼고 있을 것 같구나.

그럼 다시 타임머신을 타고 현재로 돌아오자. 미래의 너를 보고 온 민준이는 지금의 너에게 어떤 말을 해 줄 수 있을까? 선생님이라면 이렇게 말했을 것 같아.

"네가 지금 고민하는 문제 때문에 너무 괴로워하지 마. 그 문제는 결국 해결될 거야. 그리고 그 과정에서 너는 한 단계 성장한단다. 어떻게 아느냐고? 나는 미래에서 왔거든."

이 방법의 핵심은 네가 겪는 '문제'와 '너 자신'을 분리하는 것에 있어. 우울증을 앓고 있는 사람들은 "나는 우울증이야."라고 자주 이야기하는데, 그걸 "나는 우울증을 앓고 있다."라고만 바꿔 말해도 상태가 좋아지는 실마리가 된다고 해.

네가 어떤 문제에 빠져 있을 때 "나는 왜 이럴까? 정말 형편없어."라고 말해 왔던 것을 바꿔서 "나는 지금 문제를 겪고 있는 거야. 하지만 이 문제는 내게 일부일 뿐이야."라고 말하는 거야. 이렇게 하면 나는 문제를 해결할 수 있는 존재가 된단다.

　오늘 편지는 말장난처럼 느껴질 수도 있는데, 문제 해결을 위한 실마리를 찾는 게 중요해. 가끔 미래의 나로부터 조언을 얻으면서 말이야. 문제는 어떻게든 해결될 것이고, 그건 네가 스스로 해낼 일임을 미래에서 온 너는 알고 있잖아.

　어어어…… 잠깐……. 사실 선생님도 타임머신을 타고 왔는데, 이제 돌아갈 시간이 다 되었단다. 이후의 문제는 너에게 맡기…… 마…….

척도질문

문제를 안고 있는 학생들과 상담할 때 어려운 점 중의 하나는, 문제가 깊고 심각한 경우에는 출구가 쉽게 보이지 않는다는 점이다. 이때 활용할 수 있는 방법으로 해결중심상담의 기법인 '척도질문(scaling question)'이 있다.

내담자가 자신의 문제, 문제의 우선순위, 변화에 대한 의지와 확신, 문제 해결에 대한 희망, 문제가 해결된 정도 등에 대해 주관적인 평가를 내리게 하고, 이를 0부터 10까지의 척도로 평점해 보도록 하는 기법이다. 예를 들어 친구들과의 관계에서 어려움을 겪는 학생이라면 이렇게 물어볼 수 있다.

> "친구들과 이야기 나누는 게 가장 어려울 때가 10점이고, 아무런 어려움도 없는 상태가 0이야. 오늘은 어느 정도지?"
>
> "5점에서 4점으로 점수가 내려간다면 무엇이 달라질까?"
>
> "만약 1점이 낮아지려면 무엇이 필요할까?"
>
> "1점이 낮아진다면 누가 가장 먼저 알아챌까?"

이렇게 문제를 점수화하다 보면, 상담을 통해 도달하고자 하는 목표를 구체적으로 정해 볼 수 있다. 목표 달성을 위한 구체적인 행동도 수반되기 때문에 상담이 보다 체계적으로 이루어진다. 또 척도질문을 하다 보면 문제 상황에서 벗어난 '예외 상황'을 쉽게 찾아낸다. 이것은 자신이 상담을 통해 해결하고자 하는 바와도 연결된다.

해결중심상담을 바탕으로 한 척도질문을 통해 자신의 문제를 척도화하면서 학생들은 자신의 문제에 대해서 전문가가 되어 간다. 나아가 자신이 했던 방법들을 스스로

평가할 수 있게 된다. 다만 학생들은 아직 능숙하지 못하기 때문에, 해결중심상담의
기준을 숙지한 교사가 좋은 길잡이가 되어 주어야 한다.

다음의 세 가지 규칙은 해결중심적인 목표에 도움이 될 것이다(김춘경 외, 2016).

첫째, 깨지지 않았으면 붙이지 마라.

문제를 문제 삼지 말고, 해결책에 초점을 두라는 것이다. 해결중심상담에서 상담자
는 내담자의 걱정을 덜어 줘야지 걱정거리를 더해서는 안 된다.

둘째, 일단 효과가 무엇인지 안다면 그것을 더 많이 하라.

내담자에게 사용한 방법 중 어느 정도의 효과가 있는 것을 확인했다면 반복하는 것
이 성공 경험을 유도하는 바람직한 방법이다.

셋째, 효과가 없다면 다른 것을 시도하라.

내담자가 자신의 문제를 해결하기 위해 가지고 있는 전략들은 범위가 좁고, 개수가
한정적이다. 상담자는 실패한 방법을 버리고 새로운 방법을 찾도록 분위기를 바꾸
고, 생각을 전환시키도록 돕는 것이다.

11 시험 성적은
왜 그렇게 나왔을까요?

 생강 선생님께.

오늘 단원평가를 보았어요. 시험을 보고 난 후 친구들의 반응은 제 각각이에요. 어떤 친구는 시험 문제가 어려워서 잘 못 봤다고 말하고, 어떤 친구는 자기는 머리가 나빠서 공부를 해도 시험은 늘 망친다고 이야기하고, 그저 운이 좋아서 시험을 잘 봤다고 이야기하는 친구도 있어요. 저도 운이 좋았다고 이야기하는 편인데, 그래야 잘난 척하지 않는 것처럼 보이거든요.

하지만 사실 저는 진짜 노력해서 점수를 잘 받은 거고, 다음번에도 좋은 점수를 받고 싶어요. 학생이 어떤 태도를 갖는 게 공부에 도움이 될까요?

민준아, 사람마다 일의 원인을 다르게 보는데, 자신이나 타인의 행동이 발생한 원인을 추론하는 것을 '귀인이론'이라고 부른단다. 귀인이론은 크게 두 가지 기준으로 나누어 설명할 수 있어.

첫 번째 기준은 원인이 나의 내부에 있는지, 외부에 있는지의 문제야. 예를 들면 운은 나의 외부 원인이고, 능력이 안 좋은 건 나의 내부 원인이라고 할 수 있지.

두 번째 기준은 그것을 통제할 수 있느냐, 없느냐의 문제란다. 시험의 난이도는 내가 조절할 수 없는 문제지만, 노력은 내가 조절할 수 있는 것이지.

이렇게 두 가지 기준으로 귀인이론을 나누면 다음과 같이 분류할 수 있어. 실은 여기에 더해 안정적인지, 아닌지까지 설정해서 여덟 가지로 나눌 수도 있는데, 오늘은 두 가지 기준만 설명해 주마.

		원인이 어디에 있는가?	
		내부	외부
통제 가능한가?	가능	노력	친구의 도움
	불가능	능력, 기분	난이도, 운

이중에서 가장 합리적으로 보이는 건 무엇이니? 바로 노력이지. 나의 내부에 있고, 또 내가 통제할 수도 있으니까. 귀인이론이 재미있는 건 다음의 결과에도 영향을 주기 때문이란다. 일의 결과나 행동의 원인을 노력에 둔 사람은 나중에는 더 노력하겠지. 자기 노력에 의한 성과

라고 생각하기 때문이야.

하지만 운이나 시험 문제의 난이도 때문이라고 생각하는 사람은 다음에도 자신이 할 수 있는 일이 없단다. 단순한 핑계가 아니라 정말 그렇게 생각한다면, 그 사람은 다음에도 문제가 쉽게 나오거나 운이 좋기만을 바랄 뿐이야.

선생님은 민준이의 편지 속에 나타난 귀인이 노력이란 점에서 정말 놀랐단다. 그런 자세라면 다음에도 더 노력해서 좋은 결과를 맞을 수 있을 거야.

맞다! 민준이 질문이 "학생이 어떤 태도를 갖는 게 공부에 도움이 될까요?"였지? 이미 충분한 답변이 된 거 같구나.

귀인이론의 실험들

귀인이론은 실험으로 그 내용이 증명되고 발전해 왔다. 그중 두 가지 실험을 소개한다. 두 실험 모두 학교에서 흔히 만날 수 있는 오류와 관련이 깊기 때문이다.

첫 번째 실험은 존스와 해리스(Jones&Harris)가 1967년에 실시한 실험이다. 존스와 해리스는 실험 참가자들에게 쿠바의 정치가인 피델 카스트로(Fidel Castro)에 대한 글을 쓰게 했다. 한 그룹은 자신의 의견을 자유롭게 쓰게 했고, 한 그룹은 찬성하는 글을 쓸지 반대하는 글을 쓸지를 정해 주었다. 그리고 연구자는 이 글을 다른 사람들에게 보여 주고, 글을 쓴 실험 참가자가 카스트로를 어떻게 생각하는지 물었다. 사람들은 뭐라고 답했을까? 첫 번째 그룹의 글은 있는 그대로 평가했다. 찬성하는 글을 쓴 사람은 찬성 쪽으로, 반대하는 사람은 반대 쪽으로 평가했다. 문제는 두 번째 그룹이었다. 연구자는 사람들에게 이 그룹은 자신의 의견과는 상관없이 글을 썼다고 이야기했지만, 사람들은 '평소 자신의 성향이 그러하니 이렇게 글을 썼을 것이다.'라고 생각해서 평가를 내렸다.

이러한 결과가 말해 주는 것은, 사람들의 판단은 상황(연구자에 의한 강요)보다 내적 요인(카스트로에 대한 개인의 성향)에 귀인한다는 것을 보여 준 것이다. 사회심리학자 리 로스(Lee Ross)는 이것을 '기본적 귀인 오류'라고 불렀다. '기본적'이란 이름을 붙인 까닭은, 이러한 오류가 매우 보편적이고 빈번하게 나타나는 사회현상이라고 보았기 때문이다(한국심리학회, 2014).

이러한 상황은 학교에서도 쉽게 찾아볼 수 있다. 의도치 않은 실수로 피해를 입힌 경우인데, 일부러 한 행동이 아닌 것을 알지만 나를 싫어하기 때문에(내적 요인) 그렇게 되었다고 생각하는 경우다. 교사와 학부모와의 관계에서도 볼 수 있는데, 학생을 훈육한 교사를 탓하는 학부모 중에는 '선생님이 우리 아이를 싫어하기 때문이다.'라고 생각하는 학부모도 있다.

두 번째 실험은 테일러와 피스케(Taylor&Fiske)가 1975년에 실시한 실험이다. 이 실험은 대화를 나누고 있는 두 사람을 바라보는 여섯 명의 사람들에 대한 것이었다. 여섯 명은 세 그룹으로 나뉘었다. 첫 번째 그룹은 A의 얼굴을 바라볼 수 있었고, 두 번째 그룹은 B의 얼굴만 볼 수 있었다. 그리고 마지막 그룹은 A와 B 모두를 볼 수 있는 위치였다. 대화가 끝나고 나서 연구자는 사람들에게 누가 대화를 주도했는지 물었는데, 놀랍게도 자신이 바라보고 있는 사람이 대화를 주도했다는 응답이 높았다. 그리고 A와 B를 모두 본 사람들은 비슷하게 대화를 주도했다고 대답했다. 사람들은 어디를 보았는지(attention)와 지각적 편향성(perceptual salience)에 따라 다른 결과가 나올 수 있다는 것이다(한국심리학회, 2014).

이런 오류 역시 학교에서 흔히 볼 수 있다. 예를 들어 숙제를 안 해 온 다른 친구의 잘못에 대해서는 그 친구의 노력 부족이나 성향을 쉽게 탓하지만, 자기에게 일어난 경우는 다르게 생각한다. 자기에 대한 정보는 훨씬 많기 때문이다. 주말에 할머니 댁에 다녀왔을 수도 있고, 몸이 아팠을지도 모르는데 다른 사람에게 이 정도로 생각해 주는 일은 흔치 않다. 귀인 오류를 가장 잘 나타내는 말이 '내로남불(내가 하면 로맨스, 네가 하면 불륜)'일지도 모른다. 교사도, 학부모도, 학생들도 이런 귀인 오류에 빠지기 쉽다.

12. 뉴욕 지하철을 변화시킨 놀라운 심리학

 민준이에게.

오늘은 재미있는 심리학 이야기가 생각나서 선생님이 먼저 편지를 보낸다. '깨진 유리창의 법칙'에 대한 이야기란다.

1969년 스탠포드 대학교 심리학 교수였던 필립 짐바르도(Philip Zimbardo)는 흥미로운 실험을 했단다. 인적이 드문 도로변에 유리창이 깨지고 번호판도 없는 자동차와 멀쩡한 상태인 두 대의 자동차를 방치했는데, 결과에서 확연한 차이가 나타났어. 멀쩡한 상태의 자동차는 큰 변화가 없는 반면, 유리창이 깨진 자동차는 배터리와 타이어 같은 부품이 도난 당하고, 나중에는 더 이상 훔쳐 갈 것이 없자 마구 파괴된 모습이 되었단다.

이 실험은 1982년 미국의 범죄학자 제임스 윌슨(James Q. Wilson)과 조지 켈링(George L. Kelling)에 의해 '깨진 유리창의 법칙'으로 정립돼 일반화되었어. 자동차의 깨진 유리창과 같은 사소한 무질서가 더 큰 범죄와 무질서 상태를 가져올 수 있으며, 따라서 사소한 무질서에 대해서 경각심을 가지고 질서 정연한 상태로 유지하는 것이 미래의 더 큰 범죄를 막는 데 중요한 역할을 한다는 것이 그들의 이론이었지.

이 이론이 큰 효과를 본 것은 뉴욕시장이었던 루돌프 줄리아니(Rudolph Giuliani)에 의해서였단다. 루돌프가 시장으로 뽑혔을 당시에 뉴욕의 지하철은 여러 가지 범죄로 악명이 높았어. 여행 안내서에 뉴욕의 지하철은 타지 말라는 이야기가 적힐 정도였으니까. 그런 상황에서 루돌프는 뉴욕 지하철의 '깨진 유리창'을 고치기로 했단다. 처음엔 지하철의 낙서를 없애는 것이었어. 몇 년이 걸리는 엄청난 일이었지. 그런데 그 결과는 놀라웠어. 범죄가 80% 정도 줄었거든. 그 뒤로 지하철 무임승차, 쓰레기 투기 같은 것들도 집중 단속해 나갔다고 해. 시 정부의 강력한 의지를 거듭 확인한 뉴욕 시민들은 자신들의 과거 행태를 바꾸기 시작했단다.

정말 흥미로운 결과지? 민준이가 꿈을 위해 한 걸음씩 앞으로 나갈 때, 사소한 나쁜 습관을 고치는 것만으로도 큰 변화를 일으킬 수 있다는 '깨진 유리창의 법칙'이 도움이 되길 바란다.

선생님, 어떤 때는 꿈을 이루기 위해 노력한다는 것이 막막할 때가 있어요. 책을 많이 읽고, 학생으로서 맡은 바 책임을 다하고……. 꿈을 이루기 위해 무엇을 더 해야 하지? 과연 내 꿈을 이룰 수 있을까?

그런데 오늘 선생님 편지를 읽고 뭔가 힌트를 찾았어요.

제 주위의 깨진 유리창이 무엇인지 찾겠어요. 우선 떠오르는 건 스마트폰이에요. '잠깐 시간만 확인하고 공부해야지.' 하고는 금세 빠져 버리거든요. 꿈을 이루기 위해 좀 더 바른 태도를 갖춰야 한다는 생각은 늘 했지만, 어디서부터 무얼 바꾸어야 할지 막막했는데, 선생님 말씀을 듣고 나니 작은 행동 하나부터 고쳐 나가도록 노력해야겠다고 다짐했어요.

비즈니스 속 깨진 유리창의 법칙

학생들이 잘 아는 친숙한 기업들이 깨진 유리창의 법칙을 어떻게 적용하였는지 비즈니스 사례를 알려 주면 더 쉽게 이해할 수 있다(Michael Levine, 2019).

◆ 코카콜라

1980년대 가장 독보적인 브랜드 중 하나였던 코카콜라는 주력 상품을 '뉴 코크'로 대체하려는 계획을 세웠다. 그들은 자신만만하게도 핵심 소비자의 반응을 중시하지 않았다. 그 결과 소비자는 새 제품에 열광하는 대신 옛 제품이 사라지는 것에 분노했다. 소비자는 등을 돌렸고, 코카콜라는 '뉴 코크' 계획은 농담일 뿐이었다고 수백만 번을 외쳐야 했다. 이것은 작은 실수로 끝나지 않았다. 수십 년간 사랑받아 온 제품을 다른 제품으로 대체하려는 계획을 세웠다는 것 자체가 소비자에게 배신감을 불러일으켰다.

◆ 맥도날드

2000년 초반 맥도날드는 수익이 떨어지고, 고객 만족도도 떨어지기 시작했다. 유럽의 광우병 파동으로 사람들이 소고기를 잘 먹지 않은 영향도 있었고, 경제 사정이 좋지 않은 것도 한 원인이었지만 그것이 전부는 아니었다. 원인은 맥도날드 안에 있었다. 2001년 고객 만족도 조사에 따르면 11%의 사람들이 서비스에 만족하지 못했고, 이 가운데 70%는 불만을 제기했는데 처리되지 않아 더욱 화가 났다고 했다. 게다가 어린이 고객에게 해피밀 메뉴와 함께 주는 장난감이 늘 부족했다. 해피밀의 장난감 광고를 보고 맥도날드를 찾은 아이들과 부모의 불만이 높아질 수밖에 없었다.

◆ 스타벅스

2017년 기준으로 스타벅스는 전 세계에 2만 7천여 개의 매장이 있었다. 스타벅스 CEO 하워드 슐츠(Howard Schultz)는 스타벅스의 브랜드 파워를 향상시키기 위해서는 직원들의 제품에 대한 지식 수준을 높여야 한다고 생각했다. 판매하는 제품에 대한 이해를 높여서 손님들의 질문에 훌륭하게 대답할 수 있게 한 것이다. 그는 성취 동기가 높은 직원들에게 유급 훈련 프로그램을 받을 기회를 제공했다. 그 과정에서 커피에 대한 전반적인 지식과 영업 전략을 가르쳤다. 다른 일반 커피전문점이 직원을 아르바이트로 고용하거나, 쉽게 대체했던 것과 다른 방식을 적용했던 것이다.

교실에도 깨진 유리창이 존재한다. 그 피해는 고스란히 학급 전체에 돌아간다. 깨진 유리창의 법칙에 대한 다양한 사례를 소개한 후 학생들과 '우리 반의 깨진 유리창은 무엇일까?', '우리 학교의 깨진 유리창은 무엇일까?', '나의 태도에 깨진 유리창은 무엇일까?' 등 단계별로 활동을 진행해 볼 수 있다. 학생들은 우리 반이 가지고 있는 깨진 유리창은 무엇인지, 어떻게 고쳐야 할 것인지에 대해서 진지한 의견을 나누고, 그 중요성을 깨닫는 시간을 가질 수 있다.

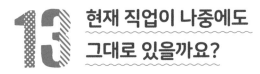

13 현재 직업이 나중에도 그대로 있을까요?

  생강 선생님께.

저는 PD가 되고 싶은 꿈을 이루기 위해 지금 제가 할 수 있는 일들을 하나씩 찾아가고 있어요. 그런데 문득 10년, 20년 뒤에도 PD라는 직업이 남아 있을지 걱정이 되더라고요. 요즘 4차 산업혁명이니, 인공지능이니 해서 미래에는 많은 직업이 사라질 거라는 이야기가 나오잖아요. 그 예상대로 미래에는 엄청 똑똑한 컴퓨터가 PD를 대신할 수도 있지 않을까요?

지금은 제 꿈을 위해 노력해야 하지만, 과연 이게 쓸모 있는 일일까요? 제 꿈이 실현 가능한 일이긴 한가요?

  민준아, 오늘 너의 고민은 네 또래뿐 아니라, 직업을 찾고 있는 사람들이면 누구나 공감할 만한 고민이구나. 네게 도움이 될 이야기는 그리스 로마 신화에 나오는 어떤 신에 대한 거야. '프로테우스'라는 이름을 가진 바다의 신이란다.

프로테우스는 물거품으로 변할 수 있고, 동물이나 바위 같은 것으로도 변할 수 있었어. 프로테우스가 신탁(신에게 미래에 대해 묻는 거란다)에 능하다는 말을 들은 사람들은 프로테우스를 자주 찾아왔는데, 그때마다 프로테우스는 모습을 바꾸어 버렸다고 해. 자신이 아닌 척하면서 그 사람이 가길 기다린 거지. 그런데 눈썰미가 좋은 몇몇 사람들은 다른 모습을 하고 있는 프로테우스를 알아보고는 원래의 모습으로 돌아올 때까지 계속 붙잡았어. 그러면 신탁을 받을 수 있었지.

프로테우스 이야기가 네 질문과 무슨 상관이 있느냐고? 프로테우스의 겉모습을 직업이라고 생각해 보렴. 그렇게 본다면 프로테우스는 여러 직업을 갖춘 사람이었지? 그런데 겉모습이 바뀌었다고 실제의 프로테우스가 바뀌었니? 그래, 프로테우스의 본질은 바뀌지 않았어.

아주 옛날에는 부모의 직업이 곧 자녀의 직업이 되던 시대도 있었단다. 영어 이름 중 직업에서 유래된 성(姓)이 생겨난 건 그런 까닭이야. 예를 들면 대장장이는 Smith, 제빵사는 Baker 등이지.

현대로 들어와서는 학교와 직장이 연결되었어. 의대를 나오면 의사가 되고, 미대를 나오면 화가가 되었지. 이렇게 한번 결정된 직업은 바꾸기가 정말 어려웠단다. 그러나 지금은 반대가 되었지. 사회 변화의 속도가 빨라지면서 어떤 직업은 사라지고, 어떤 직업은 새로 생겨나기 시작했거든. 어떤 경우에는 직업은 바뀌지 않았는데 해야 할 일이 늘거나 달라지기도 하고 말이야. 또 동시에 여러 가지 직업을 갖는 사람들도 점점 늘고 있단다. 하지만 그 어떤 경우에도 그 일을 하는 사람은 바뀌지 않는단다.

민준아, 이제 꿈을 갖는다는 건 직업을 정하는 게 아니라, 내가 어떤 사람이 될지를 결정하는 것이 아닐까 싶다. 그래서 프로테우스적 관점에서 보자면, 어떤 특징을 갖춘 사람이 될지가 훨씬 중요하단다.

선생님과 편지를 주고받는 동안 네가 PD가 되고 싶다고 여러 차례 이야기를 했었지. 만약에 네가 미래에 PD가 되지 않더라도, PD가 되기 위해 준비해 온 그 과정은 분명 너의 진로에 영향을 줄 거야. 너는 사람들의 성장에 도움을 주는 PD가 되고 싶다고 했었지? PD라는 직업이 바뀐다고 해도 민준이가 추구하는 바는 달라지지 않을 거라는 말이야.

네 말대로 인공지능이 사람이 하는 일의 많은 부분을 대신하는 날이 오겠지. 하지만 컴퓨터가 아무리 프로그래밍을 잘하고, 많은 일을 할 수 있다고 해도 인간에 대해 깊이 탐구해 온 사람이 중심에 있지 않다면 제대로 된 업무를 수행할 수는 없을 거야.

만약 네가 이 질문을 프로테우스에게 했다면, 그는 이런 신탁을 해 줬을지도 모르겠구나.

"너는 네가 되고 싶은 PD가 될 수 있고, 아니면 다른 무엇이 될지도 모른다. 그것은 겉모습일 뿐 중요한 건 본질이다."

어때? 이 신탁 내용이 마음에 드니?

프로테우스식 진로

『용기의 심리학』(Yang 외, 2015)에는 21세기의 진로를 다음과 같이 설명했다.

> 성공을 약속했던 제도적인 진로와 선형적인 진로 발달의 시대는 지나갔다.
> (……) 21세기의 진로는 변화무쌍할 것이다. 즉, 안팎의 변화에 반응하면서 시
> 시각각 만들어지고, 다시 만들어질 것이다. 전통적인 진로 개념은 제도, 승진,
> 낮은 이동성, 성공 기준으로서의 급여 인상, 그리고 조직 몰입에 초점을 맞추고
> 있다. 반면 지금은 노동자들의 성향이 변화무쌍하고, 이들에게 있어 일할 용기
> 란 자율성, 자율과 성장의 핵심 가치, 높은 이동성, 심리적 성공, 만족, 전문적 몰
> 입에 초점을 둔다.

일은 개인과 가족의 생존을 위한 경제적 뒷받침을 제공한다. 하지만 일은 생존을 위
한 수단만은 아니다. 심리적이고 사회적인 의미를 지닌다. 특히 교직은 더욱 그러하
다. 교사가 다른 직업에 비해 요구받는 높은 윤리의식은 교사가 직업을 떠나 사회적
으로 어떤 위치에 있는지를 보여 준다.

다음의 표는 앨런 밀리렌(Alan Milliren)이 관계의 단계로 제시한 것이다. 부모 같은
관계부터 상호 성장하는 관계까지 다섯 가지로 나누었는데, 이 표에 비추어 보면 학
교에서 교사가 학생과 맺는 관계와도 관련 지어 생각해 볼 수 있다. 전통적으로 교사
에게 요구되었던 교사의 역할은 '부모의 역할'이나 '통제의 역할'이었다. 그러나 지금
은 '상호 성장'을 요구하는 쪽으로 바뀌고 있다.

부모 같은 관계	상대를 위해 모든 것을 다 해 주는 관계
통제하는 관계	내가 원하는 바대로 상대에게 행동하게 하는 관계
촉진적인 관계	내가 상대를 위한 촉매로 기능하는 관계
확장하는 관계	스스로 자신을 성장시키는 관계. 타인은 나의 성장 과정을 발견하고, 이를 통해 성장하지만, 나는 상대에게 성장이 일어나도록 할 수는 없다.
상호 성장하는 관계	협력적인 노력을 하는 단계. 내가 성장하면 상대방도 성장한다.

개인적으로 이 척도를 보고 교직관에 큰 영향을 받았다. 초임 시절에는 부모를 대신하는 역할을 맡으려고도 했다. 또 엄격하게 학급을 통제하려 시도하기도 했다. 그리고 학생들에게 좋은 자극을 주기 위해, 좋은 영향력을 미치기 위해 다양한 노력을 했다. 이 모든 과정은 비단 필자만의 경험은 아닐 것이다. 상호 성장하는 관계를 만나기까지는 꽤 오랜 시간이 걸렸다.

상호 성장하는 관계를 만난 후 가르치는 일에 대한 내 관점은 크게 변화했다. 교사는 학생을 지도하며 성장하고, 학생은 교사로부터 배우며 성장한다는 생각을 하게 된 것이다. 변화무쌍한 학교의 변화가 두렵지만, 뒤집어 생각하면 상호 성장의 기회가 더욱 커질 것이라고 생각한다.

2

관계를 위한 심리학

아들러는 인간의 모든 행동은 최선의 선택이라고 보았다. 남들 눈에는 엉뚱해 보일지라도 제 딴에는 가장 좋은 방법을 택한다는 것이다. 그런데 관계를 잘 맺고자 선택한 행동이 오히려 역효과를 불러올 때가 있다. 그 허점을 알아차리는 일은 어려운 일이다. 이런 통찰은 자연스럽게 익힐 수 없다. 관점을 바꾸어 보고, 다른 사람들의 의견을 들어 보는 연습을 거쳐야 한다. 바로 이 지점이 교사가 도움이 되는 지점이다.

인간은 혼자서는 살아갈 수 없다. 세상은 관계로 이루어져 있기 때문이다. 언어도 관계의 산물이며, 역사와 수많은 지식 역시 사람들이 서로 관계 맺으며 쌓아 온 것이다. 인간의 생존을 보장하는 의식주와 안전을 확보하는 것 역시 셀 수 없이 많은 사람들의 관계에 의해 이루어진다.

학생들에게 학교는 새로운 관계가 시작되는 장소이다. 그런데 가정에서와는 질적으로 다른 관계다. 학교에서 상담을 할 때면 학부모로부터 "집에서는 관계에 어려움이 없는데, 학교에서는 친구들과 어떻게 지내나요?"라는 질문을 받는 것은 그런 까닭이다.

심리학자 아들러는 인간의 모든 행동은 최선의 선택이라고 보았다. 남들 눈에는 이상하고 엉뚱해 보일지라도, 제 딴에는 가장 좋은 방법을 택한다는 것이다. 그런데 관계를 잘 맺고자 선택한 행동이 오히려 역효과를 불러올 때가 있다. 그 허점을 알아차리는 일은 어려운 일이다. 이런 통찰은 자연스럽게 익힐 수 없다. 관점을 바꾸어 보고, 다른 사람들의 의견을 들어 보는 연습을 거쳐야 한다. 바로 이 지점이 교사가 도움이 되는 지점이다.

관계에 치인 학생으로부터 "선생님, 어떻게 해야 할지 모르겠어요."라는 요청을 받아 보지 않은 교사가 있을까? 학교에서 이루어지는 대부분의 긴급한 상담은 관계에 대한 것이라고 해도 과언이 아니다.

2장에서는 학생 간 오해, 다툼, 심리전 등 또래 관계의 문제부터 가족 관계까지 학생들을 둘러싼 여러 관계에 대해 다룰 것이다. 인간관계에서 워낙 자주 일어나는 일들이어서 심리학에서도 누적된 경험을 바탕으로 충분히 공감할 만한 이야기들이 준비되어 있다. 관계가 틀어진 원인에서부터 나아갈 출구까지 함께 살펴볼 것이다.

* * *

2장에서 편지를 주고받는 서연이는 4학년 여학생이다. 집에서는 부모님과 티격태격하는 딸이지만, 학교에서는 친구 관계가 두텁다. 학급 회장으로서 리더십을 발휘하고 싶어 하는 서연이는 학교에서 좋은 관계를 맺기 위해 노력하지만, 친구들과 여러 가지 오해가 쌓이기도 한다. 오해를 풀어 나가는 과정에서 친구들을 세심하게 관찰하고, 자신만의 인간관계 법칙을 만들기도 한다.

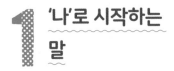

1 '나'로 시작하는 말

생강 선생님께.

오늘 복도를 지나다가 민서랑 부딪혔어요. 신발을 꺼내려고 허리를 숙이고 있던 민서를 보지 못했거든요. 미안하다고 바로 사과하려던 참이었는데, 민서가 버럭 화를 내지 뭐예요.

"야! 너 왜 가만있는 사람을 밀고 그래!"

순간 저도 그만 같이 화를 내고 말았어요.

"미안. 일부러 그런 것도 아니잖아!"

저는 정말 민서에게 미안한 마음이었는데, 그 순간 왜 화를 냈을까요? 민서에게 다시 사과하고 싶은데, 이제 어떻게 하면 좋을까요?

서연아, 네 마음은 그렇지 않은데 뜻하지 않은 상황이 되어

버려 당황스럽겠구나. 분명 사과하려는 마음이었는데, 그 순간 왜 민서의 말에 기분이 나빴을까? 그건 바로 민서의 말이 '너'로 시작되었기 때문이란다.

심리학에서는 작은 말도 매우 중요하게 생각하는데, 같은 뜻이라도 어떻게 전달하느냐에 따라 크게 달라지거든. 민서처럼 '너'로 시작하는 대화법은 '너-전달법'이라 하고, 영어로는 'You-message'라고 해. 그럼 민서의 말을 '나'로 시작하는 말로 바꾸면 어떻게 될까?

"나는 여기 가만히 있었는데 왜 밀치니?"
"미안, 나도 일부러 그런 건 아니야. 미처 널 못 봤어."

신기하게도 말을 들었을 때 기분이 나쁘지 않지? 두 사람이 하는 말의 시작을 '너'에서 '나'로 바꾸었을 뿐인데 말이야. 이렇게 '나'로 시작하는 대화법을 '나-전달법'이라 하고, 영어로는 'I-message'라고 해.

너-전달법은 상대의 잘못을 나무라고 비난하는 것처럼 들리지만, 나-전달법으로 말하면 자신의 생각과 느낌을 표현하는 것처럼 느껴져서 듣는 사람이 기분 나쁘지 않단다. 사람들은 비난을 받으면 일단 자신을 보호하고 싶은 생각에 움츠러들고 가시를 세우거든. 그런데 상대방이 자기 입장을 차분히 설명하면 부드러운 대화를 할 수 있어.

그렇다면 나-전달법은 이런 경우에만 쓰일까? 아니, 다른 경우도 얼마든지 찾아볼 수 있단다. 일상생활 중 부모님께 자주 듣는 말들을 살펴보자.

"숙제는 다 했니?"
"고마워. 착한 아이구나!"

이 말에는 '너'나 '나'가 없지? 그런데 여기에 '너'와 '나'를 넣어 보면 어떤 전달법으로 말하고 있는지 알 수 있어.

"(너) 숙제는 다 했니?"
"고마워. (너는) 착한 아이구나!"

어때? 위의 말은 '너'가 더 잘 어울리지? 하지만 '너'라고 지칭하는 순간, 말하는 사람은 상대보다 더 높은 곳에서 내려다보고 평가하는 사람이 되어 버려. 그런데 이 말을 나-전달법으로 바꾸면 어떻게 될까?

"(나는) 숙제 먼저 해야 할 것 같다고 생각해."
"고맙구나. (나는) 네가 착한 아이라고 생각해."

정말 다르지? 부모님이나 선생님이 아니라 마치 친구가 이야기하는 것 같잖아. 부모님께 바라는 것 중 "친구 같은 부모님이 되어 주세요."라고 말하는 경우가 있는데, 부모님이 나-전달법으로 이야기해 주시면 훨씬 쉬울 것 같구나.
자, 이제 서연이의 고민을 해결해 보자. 민서에게 사과하고 싶은 마음을 나-전달법으로 말하는 거지. 여기에 한 가지가 더 필요한데, 바로 원하는 것을 뒤에 덧붙이는 거란다. 정리하면 이렇게 말할 수 있단다.

"나는 ＿＿＿＿할 때 ＿＿＿＿하다고 느꼈다/생각했다.
그래서 나는 ＿＿＿＿하면 좋겠다."

이 문장에 서연이가 하고 싶은 말을 넣어 볼까?

"나는 아까 너랑 부딪혔을 때 네가 다쳤을까 봐 너무 걱정했어.
괜찮니? 미안해. 나는 너랑 다시 잘 지내면 좋겠어."

어때? 서연이의 마음이 잘 표현된 것 같니? 이 말을 들은 민서도 아까와는 분명히 다른 대답을 할 거야. 만약 민서가 여전히 너-전달법으로 말하더라도 서연이가 계속 나-전달법으로 말한다면 민서도 금방 따라할 거야. 좋은 말은 쉽게 전염되는 법이거든.

  * 추신 : '나-전달법'이란 말이 어려우면, 그냥 쉽게 '나로 시작하는 말하기'라고 알아 두어도 좋단다.

나-전달법(I-message)의 세 가지 장점

첫째, 방어하지 않아도 된다.

누군가 나를 해치려 한다고 생각해 보라. 몸이 움츠러들며 겁을 먹거나, 맞서 싸우려 한다. 다른 사람이 공격한다고 생각하면 자신을 보호하려는 건 당연한 일이기 때문이다. 너-전달법으로 이야기하는 "너 때문이야."라는 말을 들으면, 일단 자기를 방어할 준비를 한다. 그러나 나-전달법으로 말하면 상대방을 해칠 마음이 없다는 걸 보여 주는 것이다. 그러면 자기 방어를 위해 잔뜩 긴장할 필요가 없어진다. 방어할 까닭이 사라지는 것이다.

둘째, 솔직하게 이야기할 수 있다.

나-전달법으로 이야기하면 자신의 감정과 생각을 솔직하게 이야기할 수 있다. 내가 솔직하게 이야기하면 상대방도 자신의 마음을 솔직하게 보여 주게 된다. 따라서 나-전달법은 오해가 생긴 친구 사이에 도움이 된다.

셋째, 완전하게 이야기할 수 있다.

학생들과 상담을 하다 보면 전후 상황을 빼놓고 한 부분만 이야기할 때가 많다. 그래서 선생님이나 부모님은 항상 이렇게 이야기한다.

"어떻게 된 건지 천천히 말해 봐."

이때 나-전달법은 상황을 설명하는 데 좋은 효과를 만들어 낸다. ①말하게 된 상황, ②그때 나의 느낌과 생각, ③바라는 점까지 말하게 되니 빠진 부분 없이 완전한 이야기를 전할 수 있게 된다.

저는(나는)…….

저는 그때 어떤 느낌이었냐면…….

그래서 제가 바라는 건…….

어디서부터 말해야 할지 몰라 어려워하는 학생에게는 교사가 차근차근 힌트를 주는 것도 좋다. 그러면 아이는 완전한 이야기를 풀어놓을 수 있다.

2 내 마음은 어떻게 밖으로 드러날까요?

 생강 선생님께.

선생님은 항상 기분이 좋으세요? 저는 그렇지 않아요. 좋을 때도 있고, 나쁠 때도 있어요. 문제는 저는 기분이 안 좋을 때는 누구하고도 말을 하고 싶지 않다는 거예요.

며칠 전 점심시간에 지안이가 나가서 놀자고 했는데, 그때 제 기분이 별로라서 짧게 싫다고만 대답했더니 지안이가 삐친 모양이에요. 다음 날 제가 다가가서 같이 놀자고 하니까, 제가 그런 것처럼 똑같이 싫다고 말하더라고요. 그래서 저도 더 말하기 싫어서 그냥 와 버렸어요. 이제는 지안이도 저도 둘 다 삐쳐서 다시 친해질 수 없을 것 같아요.

그런데 제가 잘했다는 생각은 들지 않아요. 선생님 기분이 안 좋아서 말하기 싫을 땐 어떻게 해야 할까요?

선생님이 보기에 지안이가 화가 난 이유와 서연이가 화가 난 이유는 같은 듯하구나. 지안이는 네게 똑같은 행동으로 복수하려고 했다기보다는 너처럼 말하기 싫은 기분이지 않았을까? 두 사람 모두에게 도움이 될 만한 심리학 이야기를 해 줄게.

누군가 너에게 "마음이 뭐예요?" 하고 묻는다면 뭐라고 대답하겠니? 질문이 참 어렵지? 맞아, 심리학을 공부하는 학자들도 쉽게 대답하기 어려운 질문이지. 그렇다면 "마음이 밖으로 드러날 때는 언제일까요?" 하고 묻는다면? 이 질문에 많은 친구들은 이렇게 대답할 거야.

"눈물이 날 때요."
"웃음이 날 때요."
"얼굴이 찡그려질 때요."
"얼굴이 빨개질 때요."
"환호성을 지를 때요."

이런 순간은 말이 더 많을까, 아니면 얼굴빛이나 몸짓 같은 행동이 더 많을까? 미국의 심리학자 앨버트 메라비언(Albert Mehrabian)의 연구에 따르면 말의 내용을 통해서 전달되는 것은 7%뿐이고, 그 외의 것들이 93%나 된다는구나. 그래서 서연이가 기분이 좋지 않았을 때, 군이 말을 하지 않았더라도 지안이는 이미 많은 것을 눈치챘을 거야. 서연이도 다음 날 지안이의 모습에서 그 마음을 어느 정도 눈치챘을 테고 말이야.

그러면 어떤 것들을 통해서 알 수 있을까? 먼저 눈에 보이는·옷차림, 표정, 태도 등이 55%를 전달하고 있다는구나. 친구와 다툼이 있었던 사람은 이미 옷이 망가져 있을 테고, 표정은 화가 나 있고, 삐딱한 자세로 자리에 앉아 있겠지? 반면 상을 받기 직전에 있는 아이는 옷차림이 단정하고, 몸은 긴장하고 있지만 얼굴에는 미소를 띠고 있지.

남은 38%는 귀에 들리는 것이야. 말하는 목소리의 크기, 떨림, 분위기나 어조 등이 말의 내용보다 더 많은 것을 보여 준단다. 쉬운 예로, 엄마가 밥 먹으라고 할 때를 생각해 보자. 처음에는 상냥하게 부르실 거야. 하지만 그래도 식구들이 나타나지 않으면 엄마의 짜증이 조금씩 늘겠지? 그 상황을 적어 보면 이렇게 되지 않을까?

밥 먹어라~ (^o^)
밥 먹어라! (-o-)
밥 먹으라고! (-_-)
밥 먹어!! (-ㅁ-)+
밥 안 먹니!!! (+ㅁ+)

마지막으로 마음을 드러내는 것은 바로 '침묵'이야. 가끔 무슨 말로 물어도 묵묵부답인 친구가 있지. 대부분 그 친구가 아무 말도 안 한다고 생각하지만, 그 순간 친구는 침묵이라는 행동을 통해 자신의 마음을 적극적으로 표현하고 있는 거란다. 물론 그 속에는 다양한 의미가 있겠지.

나는 지금 대답하기 싫어요.

나는 선생님이 미워요.

몰라요.

내 잘못을 인정하기 싫어요.

이런 상황에서는 계속 다그치면 사이만 안 좋아질 뿐이니, 잠시 물러서는 게 좋단다. 만약 꼭 들어야 하는 이야기가 있다면 글로 대신해도 좋을 거야. 지금 우리가 주고받는 편지는 좋은 방법이 되겠지.

지안이에게 네 마음을 표현하고 싶다면, 말이 아닌 93%의 다른 것들을 이용해 보는 건 어떠니? 지안이가 표정이나 행동으로 드러내는 기분을 살핀 뒤에, 너 역시 다시 친해지고 싶은 마음을 담은 표정이나 몸짓, 태도 등을 취해 보는 거야. 지안이가 평소 좋아하는 사탕 한 개를 건네는 것도 도움이 될지 모르겠구나. 사탕을 받으면서 지안이가 씨익 웃는다면 다른 말은 필요 없겠지?

너와 지안이의 우정을 응원한다.

메라비언의 법칙

심리학자 앨버트 메라비언이 1971년에 출간한 책 『침묵의 메시지(Silent Messages)』에 발표한 것으로, 한 사람이 상대방으로부터 받는 이미지는 시각이 55%, 청각이 38%, 언어가 7%에 이른다는 법칙이다.

◆ **시각(비언어적 표현)** : 눈빛, 표정, 제스처, 자세, 신체 접촉
◆ **청각(반언어적 표현)** : 침묵, 목소리의 높낮이, 말의 강세, 말의 빠르기, 목소리 크기, 억양
◆ **언어(언어적 표현)** : 말의 내용

이 이론은 짧은 시간 동안에 상대에게 좋은 이미지를 전달해야 하는 비즈니스에서 자주 이야기되어 왔다. 흔히 말하는 "눈빛만 보거나 목소리만 들어도 안다."는 말과도 이어진다고 볼 수 있다. 면접을 볼 때 말보다 더 많은 내용을 전달하는 것은 그 사람의 표정이나 태도이다. 자신감 있는 눈빛과 태도, 진중한 자세는 면접관에게 좋은 이미지를 준다.

메라비언의 법칙을 교실에 적용한다면 어떨까? 교사들은 누구보다 메라비언의 법칙을 잘 알고 있다. 같은 말도 어떤 표정과 목소리로 하느냐에 따라 다른 의미를 전달하고, 때로는 교사의 침묵이 그 어떤 말보다 큰 효과를 불러온다는 것을 대부분의 교사가 경험으로 알고 있다. 또 교사가 수업에 자신감이 없으면 같은 내용도 더 재미없고, 이상하게 수업이 잘 안 풀리는 경험이 있을 것이다.

필자 또한 가끔 수업을 영상으로 남기기도 하는데, 영상 속의 목소리가 너무 딱딱해서 놀랄 때가 있다. 나는 평소와 똑같이 대하는데 아이들의 태도가 달라진다고 느낀다면, 평소의 모습이나 목소리를 영상으로 남겨 보자. 가끔은 자신의 수업 태도나 목소리 등을 객관적으로 살펴볼 필요가 있다.

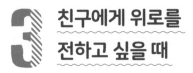

친구에게 위로를
전하고 싶을 때

 생강 선생님께.

요즘 저는 친구들의 이야기를 잘 들어주려고 노력하고 있어요. 그랬더니 저한테 와서 자기 고민을 털어놓는 친구들이 늘었어요. 저하고 이야기하면 해결이 되는 것 같다나 뭐라나. 사실 그 말을 듣고 기분이 나쁘진 않았어요.

그런데 며칠 전 점심시간에 집에서 하지 못한 숙제를 급하게 하고 있는데, 하은이가 와서 이야기를 시작하는 거예요. 우리 반 고민 해결사로서 모른 척할 수는 없더라고요. 그래서 숙제하면서 하은이 이야기를 다 들어줬어요. 물론 질문에 대답도 해 줬고요. 그런데 하은이가 갑자기 화를 내더니 가 버리는 거예요. 자기 이야기를 하나도 안 들어준다면서요. 완전히 안 들어준 것도 아닌데, 조금 억울해요.

누군가의 고민을 들어주는 일은 쉽지 않은데, 서연이가 그동안 아주 힘들었겠구나. 친구들에겐 어쩌다 한 번이었겠지만, 네겐 여러 번이었을 테니 감당하기 어려운 정도가 된 것 같아. 상담을 직업으로 하는 사람들도 겪는 어려움 중 하나란다. 그래서 누군가에게 상담을 통해 도움을 주려는 일은 세심하게 계획되어야 상담 후에도 서로 불편하지 않을 수 있단다.

하은이가 화가 난 이유를 선생님이 짐작해 본다면, 서연이가 자기 이야기를 듣지 않고 있다고 느낀 것 같구나. 일단 다른 친구들이 이야기할 때는 그 친구에게 집중했는데, 이번에는 중간중간 숙제를 하느라 그럴 수가 없었지? 하은이의 입장에서 보면 네가 이야기를 경청하지 않은 거지.

서연이도 경청에 대해서는 많이 들어 봤을 거야. 경청에 대해 알려면 네가 말하는 사람이 되어서 생각해 보는 게 좋아. 수업 시간에 발표할 때 네 의견을 잘 들어주는 친구가 있으면 기분이 좋지? 선생님도 마찬가지란다. 선생님 이야기에 집중해서 귀 기울이는 학생들이 많을수록 더 신이 나서 수업을 하게 되거든.

경청은 단순히 잘 듣는 것을 넘어서, 이야기를 들으면서 이야기 속의 사실관계, 감정, 태도에 주의를 기울이면서 듣는 거야. 그런 점에서 경청은 심리상담자가 갖춰야 할 기본 태도 중의 하나지. 심리학자 칼 로저스는 상대방의 이야기에 '네', '응', '그렇구나'와 같이 맞장구치면서 적극적으로 듣는 걸 '적극적 경청'이라고 말하기도 했지.

두 가지 일을 동시에 하고 있는 너를 보면서 하은이는 자신을 소중

하게 대하지 않는다고 느꼈을 거야. 물론 서연이는 그럴 의도가 전혀 없었겠지만, 너의 태도를 통해 그런 의미가 전달된 거지.

그럼 어떻게 하는 것이 좋았을까? 아마도 하은이에게 지금은 숙제를 해야 하니 이야기를 나누기 어렵다고 말했으면 좋았을 거야. 그게 하은이를 존중하는 방법이지 않았을까. 그랬다면 하은이는 네게 거절당했다고 생각하지 않고, 지금은 숙제를 끝내는 것이 더 시급한 일인 것을 알고 나중에 오겠다고 했을 거야. 만약 솔직한 사정을 이야기했는데도 하은이가 섭섭해 한다면 그건 네가 감당할 수 있는 일이 아니란다. 그건 하은이의 몫이지.

이미 마음이 상했지만 혹시 하은이가 다시 서연이게 고민을 털어놓는다면 그때라도 사정을 이야기하면 두 사람의 오해를 푸는 데 도움이 될 것 같구나. 네 이야기를 듣고 싶어서 찾아온 친구였으니 분명 이해하리라고 생각한다.

선생님의 편지를 읽고 나서 하은이에게 문자를 보냈어요. 그랬더니 자신도 마음이 급해서 다짜고짜 말을 걸어 미안했다고 말해 주었어요. 그래서 다시 만나 이야기를 나누기로 했어요. 제가 누군가에게 도움이 된다는 건 여전히 기분 좋은 일이거든요. 이번에는 꼭 경청을 실천해 볼게요.

서연아, 오해가 풀렸다니 다행이구나. 심리상담은 다른 사람의 엉킨 실타래를 풀어 주는 것에 비유할 수 있는데, 가끔은 상담자도 그 실타래에 함께 얽히고설켜서 곤란을 겪게 되지. 그래서 한발 물러서서 상대의 상황을 객관적이지만 따뜻한 시선으로 바라봐 줄 필요가 있단다. 지금의 너처럼 말이야. 다시 이야기했을 땐 한 뼘 더 성장한 너의 모습을 느낄 수 있을 거야.

로저스의 적극적 경청(active listening)

'인간중심상담'을 만든 칼 로저스는 인간은 자신의 성장 가능성을 믿고, 자기실현을 추구하는 경향성이 있다고 보았다. 충분한 조건만 주어진다면 싹을 틔우고 꽃을 피워 열매를 맺는 씨앗처럼 본 것이다. 로저스는 이상적인 인간상으로 '충분히 기능하는 인간(fully functioning person)'을 제시했다. 경험에 개방적이고, 매 순간 충실하며, 자신을 신뢰하고, 창조적이며, 자유로운 사람이다.

그는 내담자를 변화시키려면 무비판적으로 듣고 수용하는 것이 필수라고 이야기했는데, 초기에는 이를 '비지시적 상담'이라고 불렀다. 이는 이후에 '내담자 중심 상담'으로 이름이 바뀌었고, 현재는 '인간중심상담'으로 부르고 있다.

로저스는 내담자가 자신의 문제의 주체가 되도록 도와주었고, 이를 촉진하고자 노력하는 상담자는 진실성, 긍정적 존중, 공감을 가져야 한다고 말했다. 상담자는 가식적이지 않고, 있는 그대로의 모습을 진솔하게 나타내야 한다. 또 내담자의 행동을 판단하지 않고, 전적으로 신뢰하고 수용해야 한다. 마지막으로 내담자의 입장에서 듣고 반응해야 한다고 말했다.

> "다른 사람들의 눈을 통해 공감하는 것은 세상을 자신의 눈에 비추는 것이 아니라, 다른 사람의 눈으로 보는 것이다."

이 말은 로저스가 가진 상담자로서의 태도를 함축적으로 보여 준다. 로저스는 상담의 기본 태도로 '적극적 경청'을 취했다. 말로 표현된 내용뿐 아니라, 표현되지 않은 것들까지도 이해하려 노력하는 것이다. 예를 들면 "할 수 없다."고 이야기하는 이면에는, 하고 싶지만 용기와 힘이 부족하다는 의미도 포함되어 있음을 알아주는 것이다. 내담자의 감정에 주의를 기울여 응답하고, 내담자로 하여금 상담자에게 이해받고 있음을 실감케 해 주는 것 역시 적극적 경청이다.

로저스의 적극적 경청은 학생들을 지도하는 교사에게도 꼭 필요한 태도 중 하나이다. 교사의 진심 어린 존중과 공감은 학생이 스스로 자신의 변화를 선택할 용기를 갖게 도와준다.

흥미로운 역설은 스스로를 있는 그대로 수용할 때 내가 변화한다는 것이다.

훨씬 더 중요한 사실은 내가 이 사람들을 이해하는 것이 그들을 변화시킨다는 것이다.

나는 다른 사람을 있는 그대로 받아들일 수 있는가?

_ 칼 로저스의 『진정한 사람되기』 중에서

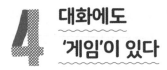

4 대화에도 '게임'이 있다

 생강 선생님께.

오늘 유치원 때 친구를 만났어요. 당시 우리 반에서 제일 키가 크고 말도 잘했던 친구였어요. 처음엔 긴가민가해서 아는 척하기 망설였는데, 그 애 친구들이 부르는 이름을 들어 보니 맞더라고요. 그래서 인사를 했죠. 정말 오랜만이라 엄청 반가웠어요.

그런데 반가운 마음은 잠깐이고, 그 애와 얘기를 나누다 보니 점점 기분이 나빠지더라고요. 무슨 말만 하면 자기 말이 맞다고 우기는 거예요. 유치원 때 있었던 일도 서로 기억하는 게 다르면 제가 틀렸다고 말하고요. 그러다 최근에 본 영화 이야기가 나왔는데, 그것도 자기가 해석한 게 맞다고 하는 바람에 기분이 많이 상했어요.

집에 와서 곰곰이 생각할수록 화가 났어요. 그러다 문득 전혀 다른 친구가 생각났는데, 지금 저희 반 친구예요. 함께 모둠활동을 할 때였는데, 아이디어를 모아야 하는 상황에선 뭐든지 제가 말하는 게 맞다고 하는 친구예요. 처음엔 으쓱하고 기분이 좋았는데, 그런 상황이 몇 번 계속되니 마치 제가 그 친구 엄마가 된 기분이었어요. 아이디어도 제가 내야 하고, 활동을 하면서 그 친구도 가르쳐 줘야 해서 정말 힘들었던 기억이 나요.

완전히 다른 두 친구인데, 저는 왜 두 사람에게서 다 불편한 감정을 느꼈을까요?

오늘 만난 유치원 친구와 학교 친구는 사뭇 다르지만 뭔가 공통점이 있어 보이는구나. 서연이 질문에 답을 해 줄 수 있는 심리학자는 에릭 번(Eric Berne)이 아닐까 싶구나.

에릭 번은 사람들의 의사소통에 대해 연구했는데, 교류분석(Transactional Analysis) 이론을 만들어 냈단다. 교류분석 이론에서는 인간의 행동은 자아의 지배를 받으며, 행동의 변화는 자아 상태의 전환의 결과로 보았어. 에릭 번은 자아 상태를 '부모 자아(Parents Ego)', '어른 자아(Adult Ego)', '어린이 자아(Child Ego)'로 구분했어. 이렇게 들으니 잘 모르겠지? 좀 더 자세히 설명해 줄게.

부모 자아는 부모님이 아이를 대하듯이 다른 사람을 대하는 경우야. 부모님이 아이를 애정으로 돌보듯이 상대의 모든 것을 다 해 주려는 경우도 있고, 아이를 가르치듯 혼내거나 지적하고 통제하려는 경우도 있지. 오늘 서연이가 만난 유치원 친구는 이런 태도로 너를 대한 것처럼 보이는구나. 아마 유치원에 다닐 적에는 그 친구가 더 크고 발달이 빨라서 비슷한 태도로 너를 대했더라도 크게 스트레스를 받지 않았을 것 같은데, 지금은 상황이 달라졌으니 불편한 마음이 드는 거지.

어른 자아는 감정에 치우치지 않고 이성적으로 생각하고 일을 처리한단다.

어린이 자아는 상대를 부모로 보고 자신을 어린아이로 생각하는 경우야. 다른 사람들에게 관심을 끌거나 예쁨을 받으려고 고분고분하게 구는 경우일 수도 있고, 자유분방한 어린이가 되어 자기 마음대로 행동하면서 즐거움을 얻는 경우일 수도 있어. 서연이네 반 친구는 바로 어린이 자아였던 거야. 자신은 어린이 자아 역할을 하고, 네게 부모 자아 역할을 떠맡긴 거지.

그런데 꼭 초등학생 때만 그런 건 아니란다. 어른이 되어도 어린이 자아로 사람을 대하는 경우가 있어. 나이를 먹는다고 자연스럽게 어른 자아가 되는 건 아니거든. 두 친구의 공통점은 서연이에게 원치 않는 역할을 하도록 시켰다는 점이야. 유치원 친구는 어린이 역할을 요구했고, 학급 친구는 부모 역할을 요구했으니 말이야.

하지만 어떤 역할을 하는 것이 꼭 좋거나 나쁜 건 아니야. 부정적인 영향을 미치는 건 오히려 상대방과 엉뚱한 의사소통을 할 때 생긴단다. 예를 들어 볼까?

어린이 자아를 가진 한 아이가 엄마에게 "이번 주말에 놀이공원 가고 싶어요." 하고 요청을 했어. 아이가 바란 건 같은 어린이 자아를 가진 엄마의 대답이었을 거야.

- 예상한 대답 : 그래! 시험 공부 마치면 신나게 놀러 갈까? (어린이 자아)
- 돌아온 대답 : 너는 기말고사가 얼마 남지도 않았는데, 놀러갈 생각만 하는 거니? (부모 자아)

돌아온 건 부모 자아를 가진 엄마의 답변이었어. 결국 서로 원하는 대답을 못 얻은 거지? 이럴 때 의사소통이 잘되지 않는다고 생각한단다. 또 말을 하면서 그 뒤에 숨긴 의도를 남겨 두는 경우도 있어.

- 교사 : 과제 제출 시간은 1시까지였단다. (어른 자아)
  그런데 너는 매번 늦구나. (실제 의도한 건 부모 자아)
- 학생 : 네, 알고 있어요. (어른 자아)
  늦어서 죄송해요. 한 번만 봐 주세요. (실제 의도한 건 어린이 자아)

어때? 말 속에 담긴 뜻이 이렇게 다른 걸 보니 정말 재미있지 않니? 순수하지 못한 대화 방식을 에릭 번은 '게임'이라고 불렀는데, 우리말로 풀이하면 '속임수를 쓰다', '잔머리를 굴리다'와 같은 의미지. 겉으로는 "잘해 봐!"라고 말하지만 속으론 코웃음을 치는 것이 그 예라고 볼 수 있어. 대화에서 이런 식의 게임이 계속되면 사람들은 다른 사람과의 의사소통에 부정적인 감정을 갖게 되고, 그것이 쌓이면 언젠가는 감정이 폭발하지. 에릭 번은 상담을 통해 사람들이 게임으로부터 벗어나도록 도왔단다.

서연아, 많은 친구들과 만나다 보면 게임을 하게 될 순간이 있지. 분명 마음이 편치 않을 거야. 그때는 네 마음을 먼저 들여다보면서 게임으로부터 벗어나 보려무나.

에릭 번의 세 가지 욕구

에릭 번의 연구는 최근 트렌드와도 밀접하게 관련되어 있다. 소셜미디어가 발달하면서 자신의 일상과 생각을 공유하고, 그에 대한 타인의 피드백을 받는 것뿐 아니라, 그것이 소득으로도 연결되는 시대가 되었기 때문이다. 에릭 번은 인간 행동의 동기를 음식, 물, 공기와 관련된 생리적 욕구 외에 세 가지 심리적 욕구로 설명했다. 인간은 이러한 욕구를 충족시키는 과정에서 자신의 성격을 형성시킨다고 보았다.

◆ 자극의 욕구

이것은 일종의 인정 욕구이다. 사람들의 반응으로부터 '인정자극(stroke)'을 받게 된다고 보았다. 다른 사람들로부터 '나는 네가 좋다.' '너는 멋있다.'처럼 긍정적인 인정자극을 받는 경우가 있고, '너는 바보 같다.' '네가 싫다.'처럼 부정적인 인정자극을 받는 경우도 있다. 재미있는 건 부정적인 인정자극도 무관심보다는 나은 것으로 받아들인다. 인정자극이 전혀 없는 상황에선 자극의 욕구가 채워지지 않기 때문이다. 소셜미디어는 이 점을 알고 있기라도 하듯, 사람들의 게시물에 '좋아요'나 '공감' 표시 등을 달아 두어 그걸 통해 사람들이 욕구를 충족시키도록 하고 있다.

◆ 구조의 욕구

인정자극을 극대화할 수 있는 시간 활용의 욕구이다. 자신의 생활을 일정한 형태로 구조화해서 인정자극을 받는 것이다. 예를 들면 종교단체에 소속되어 일정한 의식을 치르는 것도 인정자극을 고정적으로 받는 방법이다. 또 주기적으로 잡담을 위한 모임에 참여하는 것, 일을 계획해서 실행하면서 인정자극을 받는 방법, 앞서 언급한 '게임'도 그러한 예이다. 게임을 통해서는 주로 부정적인 인정자극이 쌓이는데, 자세히 살펴보면 어떤 사람이 하는 게임은 늘 비슷하게 나타나는 걸 관찰할 수 있다.

◆ **자세의 욕구**

인생을 살아가면서 확고한 자세를 가지고 싶어 하는 욕구인데, 자신과 타인을 어떻게 생각하느냐에 따라 다음의 네 가지로 나누어 볼 수 있다.

자기 긍정 – 타인 긍정 I'm OK, you're OK. 나는 유능하고 세상은 살 만하며, 타인도 신뢰할 수 있는 사람들이다. 건강한 생활 자세	자기 부정 – 타인 긍정 I'm not OK, you're OK. 다른 사람들은 내가 가지고 있지 못한 것을 가지고 있는 것 같다. 초기 어린 시절의 일반적인 자세
자기 긍정 – 타인 부정 I'm OK, you're not OK. 나만 옳고 타인은 모두 그르다고 믿는다. 불신과 비난의 자세	자기 부정 – 타인 부정 I'm not OK, you're not OK. 스스로 열등하며, 타인도 부족하고 불완전할 뿐 아니라 나쁘다고 여긴다. 가장 바람직하지 않은 자세

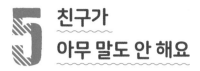

5 친구가 아무 말도 안 해요

 생강 선생님께.

오늘은 마음이 무거워요. 지우가 저한테 삐쳤는지 며칠 전부터 말을 하지 않아요. 아무리 생각해도 특별한 일은 없었어요. 처음엔 기분이 안 좋은가 보다 생각했는데, 물어보기도 그렇고 해서 저 역시 아무 말도 안 하고 있었어요. 그런데 저만 그렇게 느낀 건 아닌가 봐요. 주변에서 지우랑 싸웠냐고 물어봐요.

어떻게 행동해야 할지 너무 신경 쓰여요. 제가 아무렇지 않게 다른 친구들과 다정하게 노는 모습을 보면 속상할까 봐 자꾸 지우 눈치를 보게 돼요. 그래서 저도 요즘 아주 조용히 지내고 있다니까요.

정말 저한테 섭섭한 게 있어서 저러는 걸까요? 혹시 제가 잘못한 게 있다면 속 시원하게 말해 주면 좋겠어요. 그래야 사과를 하든 말든 결정하지요. 이러다가 이유도 모른 채 멀어지는 건 아니겠죠?

서연아, 고민이 많겠구나. 그럼에도 문제를 해결할 방법을 적극적으로 찾고 있는 모습은 무척 대견하구나. 선생님도 너를 돕고 싶어. 하지만 정확한 사정을 모르니 지우가 왜 그러는지 알려 주긴 어려울 것 같고, 이 상황을 어떻게 바라보면 좋을지에 대해서 이야기해 보자.

우선은 이렇게 생각하는 거야. 지우는 네게 말을 하고 있지 않지만, 아무런 메시지도 전달하지 않는 것은 아니야. 때로는 침묵이야말로 가장 강력한 메시지가 되거든. 그게 무엇일까? 침묵은 적극적인 거절을 의미해. 말하기 싫은 것을 표현하거나, 말할 상황이 아님을 표현하는 것일 수도 있어. 왜 말을 하지 않느냐고 묻는 상대에게 그 이유조차 설명하기 싫은 경우이기도 해.

어른들도 각자의 목적에 맞게 침묵을 사용한단다. 상대의 실수를 지적하는 대신 침묵하기도 하는데, 그러면 상대는 말로 하는 질책보다 더 무겁게 받아들이거든. 그러나 이런 태도가 마냥 현명한 것만은 아니라고 생각해.

지우는 네게 무슨 메시지를 전달하고 싶은 걸까? 그걸 알아내는 게 두 사람의 관계를 푸는 열쇠가 될 것 같구나. 그 메시지가 너를 향하고 있는 것이라면 말이야. 하지만 메시지를 찾지 못했다고 너무 자책하지는 마. 더욱이 그 전에는 다른 방식으로 의사소통을 충분히 해 왔던 사이라면 말이야.

선생님, 지우가 제게 와서 이야기를 했어요. 그동안 아무 일도 없었다는 듯 다가와 말을 걸어서 당황했다니까요. 물론 예전처럼 즐거운 표정으로 말한 건 아니지만, 고민했던 저는 마음이 놓였어요.

왜 그동안 말을 하지 않았는지에 대해서 조심스럽게 물어봤어요. 친구들이 내게 자꾸 물어봐서 곤란했지만 그것보다 제가 더 궁금했다는 말도 했고요. 그리고 지우가 하는 말을 충분히 들어줬어요.

지우가 말하길 친구들에게 말하기 어려운 상황이 있었다고 하더라고요. 해결 방법을 생각해 봐도 답이 나오질 않아 고민 중이었다고 말이에요. 친구들이 걱정했다니 미안하고, 제게 제일 미안했는데 이야기할 여력이 없었대요.

이야기를 들으면서 제가 해석한 침묵의 메시지는 '이야기를 나눌 만큼 마음의 여유가 없다.'는 것이었어요. 그러고 보니 저도 그런 적이 있었던 것 같아요. 시험을 망치고 자리에 앉아 있을 때, 아무에게도 말하고 싶지 않은 그런 기분이었다고 생각했어요.

선택적 함구증(Selective Mustism)

교실에서 자주 마주치는 불안장애의 하나가 바로 선택적 함구증이다. 학부모 상담을 하면 학교에서는 아무 말도 하지 않아 곤란을 겪는데, 집에서는 말이 너무 많아 전혀 몰랐다는 이야기를 들을 때가 종종 있다. 이때 교사가 도움을 주기 위해서는 선택적 함구증에 대한 뚜렷한 기준을 확인할 필요가 있다.

상담실과 정신과에서 진단의 기준이 되는 『정신장애진단 및 통계편람 제5판(DSM-5)』에서는 선택적 함구증의 진단 기준을 다음과 같이 제시하고 있다.

A. 다른 상황에서는 말을 할 수 있으면서도 말하는 것이 기대되는 특정한 사회적 상황(예 : 학교)에서 지속적으로 말을 하지 못한다.

B. 장해가 학업적·직업적 성취나 사회적 의사소통을 저해한다.

C. 장해의 기간이 적어도 1개월 지속된다(입학 후 처음 1개월에 한정되지 않는다).

D. 말하지 못하는 이유가 사회생활에서 요구되는 언어에 대한 지식이 없거나 그 언어에 대한 불편한 관계가 아니다.

E. 장해가 의사소통 장애(예 : 아동기 발병형 유창성 장애, 즉 말더듬기)에 의해 설명되지 않으며, 자폐 스펙트럼 장애, 조현병, 또는 다른 정신증적 장애의 기간 중에 발생하는 것이 아니다.

이 중에서 주목해 볼 부분은 1개월이라는 기간이다. 선택적 함구증은 5세 이전에 나타나지만, 가정이나 어린이집에서는 말을 하지 않는 행동이 크게 눈에 띄지 않기 때문에 문제가 되지 않는다. 그러다가 학교 입학과 함께 읽기, 발표, 또래들과의 대화

등이 중요해지면서 부적응 행동처럼 비치게 된다. 누구나 낯선 공간에 가면 말하기 꺼려지고, 쑥스러워하는 과정을 거치기 때문에 1개월 정도 아동의 힘을 믿고 살펴보는 기간이 필요하다.

선택적 함구증을 위한 치료 방법으로 행동치료의 소거를 활용할 수 있다. 상황 소거와 개인 소거 두 가지가 있다(한국심리학회, 2014).

상황 소거는 아동이 말을 하는 특정 장소나 상황에서부터 말하는 행동에 칭찬, 보상을 제공함으로써 말하는 행동을 강화하고, 이를 함구 행동을 보이는 장소, 상황에까지 점진적·체계적으로 확장해 나가는 것이다. 등굣길까지는 이야기를 했는데, 교실에서만 이야기를 하지 않았다면 친구들의 도움을 얻어 복도, 교실 안, 수업 시간 전, 체육활동 중, 미술 시간 등으로 조금씩 확장시키는 계획을 세워 볼 수 있다.

개인 소거는 이미 아동이 말을 하는 상황에 점진적·체계적으로 새로운 사람을 등장시키는 방법이 사용된다. 9개월 동안 교실에서는 말하지 않는 학생을 지도한 적이 있었다. 그 학생의 목소리를 처음 들은 게 전화 통화에서였다. 모르는 번호로 걸려 온 전화였는데, 친구들과의 관계에 대해 꼭 이야기하고 싶은 게 있다며 부모님의 권유로 전화를 한 것이었다. 다음 날 학교에 와서는 다시 입을 다물었지만, 이미 교사는 자신과 대화를 나누는 사이가 되었기 때문에 학교생활 중에 교사가 도움을 요청하거나 묻는 질문에 대답하지 않을 수 없었다.

6
왜 어른들의 말보다 친구의 말에 더 귀를 기울이게 될까요?

 생강 선생님께.

엄마랑 다퉜어요. 친구들이랑 휴대전화로 이야기하고 있는데 엄마가 방에 들어오셨거든요. 저는 깜짝 놀라서 왜 마음대로 들어오냐고 따졌는데, 엄마는 오히려 휴대전화로 뭘 했길래 깜짝 놀라냐고 화를 내시는 거 있죠. 순간 엄마가 저를 믿어 주지 않는 것 같아 속상했어요.

사실 친구에게 고민을 이야기하고 있던 중이었어요. 금방 끝내고 막 숙제를 하려던 참이었는데, 엄마가 들어오신 거예요. 엄마에게도 사실대로 말하긴 했지만, 엄마는 내심 제가 친구에게만 고민을 말한 걸 섭섭해 하시는 것 같았어요. 하지만 저는 요즘 엄마보다는 친구들의 말이 더 도움이 돼요. 저만 그런 건 아니에요. 친구들도 모두 저처럼 이야기해요. 혹시 선생님도 옛날에 그러셨어요?

서연아, 네 말의 핵심은 어른들의 말보다 친구들의 말에 더 귀를 기울이게 된다는 거지? 지금 네가 그런 마음을 갖는 건 전혀 이상하지 않아. 선생님도 딱 그랬거든. 어떤 때는 친구들이 하는 말이 좀 이상한데도 부모님한테 다 맞다고 했다가 혼난 적도 있었지. 아마도 서연이의 부모님도 비슷한 경험을 갖고 계실 거야.

이와 같은 고민을 했던 심리학자도 당연히 있었단다. 심리학자 레프 비고츠키(Lev Semenovich Vygotsky)는 '근접발달영역'이라는 이론을 설명했단다. 말이 좀 어렵지? 사람은 현재 자신의 수준에서 더 나아가 잠재력을 발달시키려면, 현재의 수준 근처(근접발달영역)에서 조언을 해 줘야 도움이 된다는 말이란다.

이런 경험 있지 않니? 음악 시간에 단소를 불거나, 새로운 활동을 익힐 때 선생님의 말보다 방금 성공한 친구의 한마디가 더 큰 도움이 되었던 경우 말이야. 그것도 잘하는 친구보다 나랑 수준이 비슷한 친구가 했던 방법이 제일 도움이 되잖아. 그 친구가 바로 나의 근접발달영역에 있었던 거지.

비고츠키의 이론에 영향을 받은 학자들은 이걸 좀 더 쉽게 설명하기 위해서 건물을 짓는 모습으로 설명하기도 했어. 혹시 건물이 올라가는 모습을 본 적이 있는지 모르겠는데, 작은 상가나 집을 짓는 모습을 떠올려 보렴. 그때 집을 짓는 사람들이 쉽게 일할 수 있도록 작업용 선반 같은 걸 설치하는데, 그걸 우리말로는 비계, 영어로는 스캐폴딩(scaffolding)이라고 부른단다. 지금은 할 수 없는 일을 할 수 있도록 도와주는 장치 혹은 일이라고 설명했단다. 그런 역할을 하는 것이 학교에선 선생님이고, 집에선 부모님이지. 하지만 만약 그게 네가 올라갈 수 없을 만큼 높은 비계라면 도움이 될까? 아마 그렇지 않을 거야. 하지만 친구들의 비계는 그리 높지 않아서 네게 더 도움이 되는 것처럼 느껴지는 거란다.

그렇지만 서연이도 잘 알고 있지? 누구보다 부모님이 서연이의 고민을 진심으로 들어주고 도와주고 싶은 마음이란 거 말이야. 그래서 부모님의 도움을 잘 받으려면 네게 필요한 수준을 설명드릴 필요가 있어.

"그건 지금 도움을 주셔도 할 수 없는 일처럼 생각돼요."
"혼자서는 어렵지만 도와주시면 할 수 있을 것 같아요."
"이건 혼자서 할 수 있을 것 같아요. 먼저 도전해 볼게요."
"이건 저 혼자서도 잘할 수 있는 거예요."

네가 이런 이야기를 했을 때 엄마가 어떤 표정을 지으실지 참 궁금하다. 아마 서연이가 정말 많이 컸다고 생각하실 것 같아.

레프 비고츠키의 생애

러시아의 심리학자 비고츠키의 생애는 정말 특별하다. 천재적이었지만 일찍 세상을 떠난 그를 사람들은 '심리학계의 모차르트'라고 부르기도 한다. 비고츠키는 어릴 적부터 결핵으로 고생했는데, 이것 때문에 결국 1934년 38세의 젊은 나이에 세상을 떠났다. 그는 10여 년간의 활동 기간 동안 180편이 넘는 논문, 저서 및 연구물을 출판하였다. 그의 이론들은 그가 죽고 나서도 한참 지나서야 주목을 받았다.

비고츠키는 유복한 유대인 가정에서 태어났지만 순탄한 인생은 아니었다. 러시아혁명 전에는 대학에 들어갈 수 있는 유대인 숫자가 극히 제한(정원의 3~5%)되어 있었지만, 이 어려움을 딛고 입학한 비고츠키는 우수한 학생 시절을 보냈다. 처음 전공은 약학이었지만, 적성에 맞지 않아 법학으로 바꾸었다. 그는 교사가 되길 바랐지만, 정부가 유대인을 교사로 채용한 학교에는 지원금을 주지 않는 정책 때문에 법대를 간 것이다. 하지만 대학 재학 중 1917년 러시아혁명이 일어난다. 그는 대학 시절에 철학, 사회과학, 심리학, 언어학, 문학, 미술 등의 광대한 영역에 관심을 두었고, 이것은 훗날 심리학 연구의 기초가 되었다(박동섭, 2016).

1918년 대학을 졸업하고 고향인 호멜로 돌아가 교직에 종사하며 학문을 계속했다. 처음엔 학교에서 문학과 예술사, 미학을 가르치고, 이후엔 호멜 사범대학교에서 심리학 연구원으로 일하는데, 이때의 경험이 『교육심리학』(1926)의 자료가 되었다.

1924년부터 모스크바 대학교에서 본격적인 연구를 시작했다. 비고츠키의 이론을 그 당시 정치적 독단주의에 맞추어 수정하도록 강력한 압력을 받았으나 그같은 압력에 굴하지 않았다(Elena&Deborah, 2010). 하지만 사후 몇 년이 지나 비고츠키의 이론은 정부로부터 거부당하고 말살되었다. 이 같은 정치적 상황은 그의 제자들의 연구에도 크게 영향을 미쳤으나, 이들은 위험을 무릅쓰고 비고츠키의 이론을 확장시키며 정교화하는 작업을 계속하였다. 1950년대 후반의 지적 해빙기를 맞아 이 학자들은 비고츠키의 사상을 새롭게 소생시켰으며, 교육학의 여러 영역에 적용시켰다(이화여자대학교사회과학연구소, 2004).

> # 다른 개인에게 직접 영향을 주거나 변화를 가져오게 하는 것은 불가능하다. 사람은 스스로 깨달을 수밖에 없다. 즉 사람은 스스로의 경험을 통해서 생득적 반응을 변화시킨다.
> # 우리의 경험, 이것이야말로 우리의 교사다.
>
> _ 레프 비고츠키

7 우리 가족이 만드는 별자리

 생강 선생님께.

어제 새 옷을 샀거든요. 오늘 기분 좋게 새 옷을 입고 나가려는데, 오빠가 "옷이 그게 뭐냐. 진짜 이상해 보인다."라고 하는 거예요. 그래서 저는 신경 쓰지 말라고 쏘아붙였죠. 엄마는 예쁘기만 하다고 제 편을 들어주셨는데, 아빠가 "그냥 둬라. 자기가 입고 싶다는데."라고 하시는 거 아니겠어요!

그런 이야기를 듣고 나니, 도저히 그대로 입고 나갈 수가 없는 거예요. 그래서 다시 갈아입으러 방으로 들어갔어요. 옷을 갈아입으면서 곰곰이 생각해 보니 우리 집에선 늘 비슷한 패턴이에요. 외식하는 걸 정할 때도 제가 말하면 이런 패턴이 반복돼요. 가족 간의 티격태격 다툼을 연구한 심리학 이론도 있나요?

서연아, 선생님도 비슷한 경험이 많단다. 선생님은 형제자매가 많아서, 그 역할을 누나들과 형이 하곤 했지. 네가 짐작한 대로 여기에 대해 심리학자 아들러가 관심이 있었단다.

아들러도 형제가 아주 많았는데, 그는 가족 간에 주고받는 영향이 일정한 방식으로 고정되어, 마치 별자리처럼 된다고 말했어. 그걸 '가족구도'라고 말했단다.

서연아, 밤하늘의 별을 본 적이 있니? 가끔 천문대에서 별자리에 대한 설명을 들으며 밤하늘을 보고 있자면 어찌나 시간이 금방 가는지 신기하더구나. 사람들은 하늘에 떠 있는 별을 자기 마음대로 선으로 연결하고 이름을 붙이지. 거기에 이야기를 만들고, 신화와도 연결하고 말이야. 별자리에선 가장 빛나는 별, 두 번째로 빛나는 별, 이렇게 순서를 붙여 주었지.

가족 내에서도 이렇게 별자리가 만들어진다면 어떨까? 가족 간에 서로 영향을 많이 주고받는 순서대로 선을 긋고, 그 안에 일정한 이야기를 만들고, 중요도를 표시해 보면서 말이야. 아들러는 별자리를 만드는 것처럼 설명하진 않았지만, 그런 상상을 해 보면 가족구도가 뭔지 한눈에 들어오는 것 같더구나. 가족구도를 통해서 보면 말이야, 같은 집에서 태어나 자라는 형제들도 구도에 따라 서로 다른 영향을 받으며 살아가게 된다는 걸 알 수 있어.

가족구도 내에서 맏이는 동생들을 돌보는 역할을 떠맡는 경우가 많지. 또 부모님의 지지를 받는 형과 귀여움을 받는 동생 사이에서 자신의 자리를 스스로 찾아야 하는 중간에 있는 아이들도 있단다. 한편 모든 관심을 한몸에 받고 자유롭게 살지만, 내심 외롭고 두려움이 있는 외동아이인 경우도 있지.

물론 태어난 순서가 모든 걸 결정하는 건 아니야. 어떤 경우엔 둘째 이지만 부모님의 기대 속에서 자라는 경우도 있고, 맏이처럼 부모님을 챙기는 입장에 놓이게 되는 경우도 적지 않단다. 선생님은 막내인데, 다른 형제들이 부모님 곁을 떠나 먼 곳에 살다 보니 맏이 같은 역할을 맡게 되었지.

서연아, 너희 집의 가족구도에서 네가 맡고 있는 역할은 어느 정도 일까? 그걸 살펴보면, 네 성격에 미친 영향을 찾아볼 수도 있단다.

출생 순위

아들러는 가족 내에서의 출생 순위(생물학적 또는 심리적)에 따른 개인의 성격 특성을 논한 첫 번째 사람이다. 3형제 중 차남으로 태어난 아들러는 자신보다 능력 있고 어머니의 사랑을 많이 받는 형에게 질투심을 갖고 있었는데, 동생이 태어나면서 어머니의 사랑과 관심이 동생에게로 옮겨 가자 동생에게도 질투를 했다. 그런데 동생이 병으로 죽었고, 아들러는 이로 인해 어린 시절을 죄책감 속에서 보냈다. 자신의 경험에 근거하여 연구한 것이 출생 순위 이론이다.

아동은 태어나면 가족 내에서 위치를 갖게 된다. 가족 내에서의 위치는 상호작용하는 행동을 결정하고, 나중에는 생활양식과 성격 형성에 영향을 준다. 하지만 모든 출생 순위가 천편일률적으로 같은 것은 아니다. 생물학적인 출생 순위와 심리적인 출생 순위는 다를 수 있다. 어떤 가족에서는 아들과 딸이 둘 다 외동처럼 양육될 수 있고, 10년 터울로 태어난 두 형제도 외동처럼 양육될 수도 있다. 가족 내에서 다른 아이들과 6세 이상 차이가 나는 아이들은 일반적으로 같은 가족구도에 처하지 않는다고 보았다. 아들러는 생의 초기에 해당하는 6~8년간 생활양식이 형성된다고 보았기 때문이다(Yang 외, 1910).

아들러학파는 전형적으로 '첫째, 둘째(또는 중간), 막내, 외동'을 열거한다. 각각의 지위는 분명한 공통 특성이 있지만, 개인에 대한 생각이 맞지 않을 때는 재빨리 무시해야 한다. 하지만 이런 소개는 매우 유용할 수 있다(Sweeney, 2005).

◆ **첫째** : 맏이는 짧은 기간 동안 지배자가 된다. 일반적으로 어른들과 관계를 잘 맺는

다. 어른들의 기대와 가치에 동의하며, 특히 동생들에게 도움을 주며 사회적 책임감을 배운다. 어른들을 기쁘게 하려는 허구적 목표인 '완전'을 추구하려는 경향성이 있다.

◆ **둘째** : 태어나서 이미 자신의 앞에 누군가가 있다는 것을 알게 된 둘째는 첫째와는 반대되는 방법으로 자신의 위치를 추구한다. 둘째는 책임감은 덜하고, 더 독립적이며, 맏이가 추구하지 않거나 잘하지 못하는 것에 많은 관심을 가진다. 첫째 아이들이 뒤에서 쫓아오는 발소리를 듣고 앞서려고 달린다면, 둘째는 조금만 더 하면 앞에 있는 사람을 따라잡을 수 있을 것 같다고 느낀다. 둘째 아이의 특성은 '경쟁'이다.

◆ **막내** : 막내는 과잉보호될 가능성이 크다. 가족의 관심이 자신에게 집중되어 있음을 인식하고 그 지위를 즐긴다. 막내는 자신의 매력을 사용해서 필요한 것을 얻어 낸다. 많은 사람들이 대중 연설을 두려워하는 데 반해, 막내들은 훌륭한 연예인이 되거나 청중 앞에서 말할 때 편안함을 느낀다.

◆ **외동** : 외동은 다른 형제로부터 위협받지 않기 때문에 경쟁자가 될 가능성은 적다. 외동은 어른들과 잘 어울리고 책임감이 있으며 협동적이다. 외동에게 주로 발견되는 결함은 또래집단과의 관계이다. 이러한 사실은 외동 아이들이 학교생활에 적응할 때 어려움을 겪는 이유가 되기도 한다.

심리적 출생 순위를 결정하는 데는 초기 아동기의 다른 경험들도 영향을 준다. 예를 들면 어린 시절의 질병, 형제자매의 장애, 상실(유산 혹은 죽음), 함께 살았던 확대가족, 부모의 이혼 혹은 재혼, 입양, 형제자매 간의 나이 차이, 형제자매 간의 경쟁, 복합 가족 요인, 부모의 태도 등이다.

학급에서 집단으로 출생 순위를 활용하는 방법도 있다. 출생 순위에 따라 작은 모둠으로 나누고, 그들이 그 위치에서 있었던 성장 경험을 나누게 한다. 출생 순위에 따라 다른 출생 순위를 가진 형제자매들의 특성을 적어 보게 한다.

이렇게 한 후 서로의 발표를 들어 보면, 학생들은 자기 입장에서만 보던 다른 형제들의 생각을 친구들을 통해 듣게 된다. 그러면서 다른 형제가 그렇게 생각할 수밖에 없는 내용을 이해하게 된다.

8 내가 알고 있는 나, 다른 사람이 알고 있는 나

 생강 선생님께.

오늘은 제가 질문을 먼저 할게요. 저와 선생님 중에서 선생님을 더 잘 아는 사람은 누구일까요? 선생님이요? 아니요! 저예요. 설명을 들어 보세요.

오늘 저희 반 친구가 제 등에 뭐가 묻었다고 하더라고요. 그래서 거울에 등을 비춰 보았더니 진짜 뭔가가 묻어 있는 거예요. 생각해 보니 살면서 제 등을 직접 본 적이 없는 거 있죠. 등뿐 아니라 뒤통수도 본 적이 없고, 거울이 없으면 제 얼굴도 보지 못하잖아요. 문득 나를 잘 아는 사람은 내가 아니라 나를 매일 보는 사람들이란 생각이 들었어요. 그러니까 선생님을 더 잘 알고 있는 건 바로 저인 거죠. 어때요?

선생님은 모르시겠지만, 지금 선생님은 입가에 행복한 미소를 머금고 계실걸요?

서연아, 편지를 읽다가 네 말처럼 내가 웃고 있는 건 아닌지 거울을 슬쩍 봤더니 딱 네 말대로였어. 네 편지를 읽을 때마다 선생님은 그렇게 행복한가 봐.

오늘 네가 경험한 깨달음 같은 걸 '통찰'이라고 부른단다. 아르키메데스라는 학자가 고민하던 문제를 목욕탕에서 해결하자 "유레카!" 하고 외쳤던 것과 같지.

서연이가 한 생각과 유사한 생각을 한 심리학자가 있었어. 바로 미국의 심리학자 조셉 루프트(Joseph Luft)와 해리 잉햄(Harry Ingham)이야. 그들은 사람에게는 '자기도 모르는 자기'가 있다고 생각했고, 사람의 자아를 마치 네 개의 창(窓)이 있는 것과 같은 구조로 파악했어. 이 네 개의 창을 자신들의 이름을 따서 '조하리의 창(Johari's Windows)'이라고 불렀지. 이 창문의 가로는 내가 나를 아는지 모르는지, 세로는 다른 사람이 나를 아는지 모르는지가 기준이란다. 이렇게 해서 창문이 네 개로 나뉘는 거야.

	내가 나를 알고 있음	나는 나를 모름
다른 사람이 알고 있음	① 열린 창 : 나와 너에게 개방된 자유 영역 예) "내 키는 이만큼이야."	② 보이지 않는 창 : 너에게는 보여지나 나 자신은 자각하지 못하는 영역 예) "기분이 안 좋으면 잔뜩 찡그린 얼굴을 하고 있어."
다른 사람은 모름	③ 숨겨진 창 : 나는 알고 있으나 너에게는 숨기고 있는 영역 예) "나는 ○○를 몰래 좋아하고 있어."	④ 미지의 창 : 나와 너에게 전혀 알려지지 않은 영역

조하리의 창에서는 나와 다른 사람이 모두 알고 있는 창이 넓을수록 건강하다고 본단다. 하지만 나도 모르고 다른 사람들도 모르는 영역도 있고, 나는 모르지만 다른 사람은 아는 것도 있어. 예를 들면 서연이가 말한 뒤통수를 볼 수 없는 것 같은 거야. 서연이가 말하고 싶었던 것은 '보이지 않는 창'을 이야기한 거지?

서연이가 선생님에 대해 잘 알고 있는 것처럼 선생님도 서연이를 잘 알고 있단다. 네가 모르는 모습을 말이야. 예를 들면 서연이가 공부하고 있을 때 어떤 표정을 짓는지, 또 재미있는 책을 읽을 때 얼마나 눈이 반짝거리는지 잘 모르지? 그래서 주변 사람들이 자신에게 하는 이야기를 귀담아들을 필요가 있단다. 내가 볼 수 없는 모습을 보고 있으니까. 그렇게 하면 열린 창이 더욱 늘어나겠지.

열린 창을 늘리는 또 다른 방법은 나만 알고 있는 모습을 다른 사람들에게 공개하는 거야. 물론 모든 것을 다 공개할 필요는 없겠지만, 천천히 자신을 드러내는 건 좋은 일이란다. 친구들이 내게서 새로운 모습을 발견하고 놀라게 되거든. 학교에서 영어를 배우고 있으니 잘 알겠지만, 영어 실력이 늘려면 어떻게 해야 하지? 적극적으로 영어를 하려고 노력해야 하잖아. 그렇지 않니?

우리의 삶은 많은 사람들과의 관계로 이루어져 있단다. 관계를 통해 성장하려면 자기를 공개하고, 타인의 피드백을 통해 자신을 살펴봐야 해. 그러면 어느덧 조금씩 성장하는 모습을 보게 된단다. 조하리의 창으로 표현하면 열린 창이 늘어나는 것이고 말이야.

조하리의 창

조셉 루프트와 해리 잉햄은 1955년에 함께 이 이론을 만들었다. 조하리의 창을 이용해서 서로가 얼마나 알고 있는가를 확인하는 방법을 개발자들이 제시했는데, 먼저 어떤 사람에 대해서 이야기 나눌지를 결정한다. 그리고 57개의 형용사 중에서 그 사람에 대해서 6개씩 고른다.

able 재능 있는	ambivert 양향성격자	accepting 솔직한	adaptable 융통성 있는	bold 용기 있는	calm 차분한
caring 친절함, 상냥함	cheerful 유쾌한	clever 영리한	congenial 마음에 맞는, 취미가 같은	complex 까다로운	confident 자신감 있는, 대 담함, 배짱 있는
dependable 믿음직한	dignified 품위 있는	energetic 활동적인	extrovert 외향적인, 사교적인	friendly 우정 어린	giving 마음이 넓은
happy 행복한	helpful 도움이 되는	idealistic 이상주의, 이상가	independent 독자적인, 독립적인	ingenious 독창적인	intelligent 재치 있고 총명한
introvert 내성적인	kind 친절한	knowledgeable 박식한	logical 논리적인	loving 상냥한	mature 성숙한
modest 겸손한	nervous 소심한, 신경질적인	observant 조심성 있는	optimistic 낙천적인	organized 잘 정리된	patient 참을성 있는
powerful 강력한, 강한 인상	proud 자신에 찬, 자신감 있는	aggressive 적극적인, 공격적인	reflective 생각이 깊은	relaxed 관대한	religious 독실한, 종교적인
responsive 민감한	searching 철저하고 엄중한	self-assertive 자기주장이 강한	self-conscious 자의식이 강한, 이목을 꺼리는	sensible 실용적인	sentimental 감정적인
shy 수줍어 하는	silly 어리석은	smart 단정하고 멋진	spontaneous 자발적인	sympathetic 동정심 있는	tense 긴장한
trustworthy 믿을 수 있는	warm 따뜻한	wise 지혜가 있는			

고른 6개의 단어에는 겹친 것도 있을 것이고, 아닌 것도 있을 것이다. 그걸 조하리의 창에 넣어 보는 것이다. 그러고 난 뒤 상대가 나에 대해 알고 있었던 점과 상대가 알아차리지 못한 나의 특징에 대해 이야기를 나누면서 서로를 더 알아 갈 수 있다.

이 활동을 통해서 변화하는 모습을 그림으로 그려 보면 다음과 같이 표현할 수 있다 (김민주, 2011).

①열린 창 서로 겹친 카드	**②보이지 않는 창** 상대는 골랐지만, 나는 선택하지 않은 카드
③숨겨진 창 내가 고르고 상대는 고 르지 않은 카드	**④미지의 창**

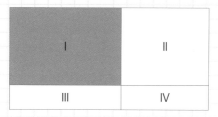

조하리의 창을 통해 보면 성장이란 다른 사람에게 비친 자기 모습을 통하여 자기를 알아보고, 나에 대한 다른 사람들의 생각을 받아들임으로써 보다 나은 방향으로 나아가는 것을 뜻한다. 또 나의 모습을 다른 사람에게 있는 그대로 내어 보이는 일은 용

기와 훈련이 필요하다.

이 방법은 학생의 성장을 위한 상담에서도 활용할 수 있고, 교사 간의 수업에 대한 피드백에도 활용할 수 있다. 이때 교사는 학생의 단점을 말하기보다는 장점을 언급하는 것이 좋다. 학생의 장점을 극대화시키고 자존감을 높여 주는 방향으로 소통해야 한다.

9 리더십을 기르고 싶어요

 생강 선생님께.

제가 새 학기에 학급 회장이 되었어요. 회장은 학급회의를 진행하는데, 그게 잘되지 않더라고요. 학급회의를 통해서 규칙을 만들기로 했는데, 지난번 학급회의를 지켜보니까 규칙을 만드는 것이 목적이 아니라 몇몇 친구를 벌주고 싶어 하는 거예요. 안건으로 올라온 것들이 누군가를 겨냥한 것들이었어요. 만약 그대로 규칙이 만들어지면 좋아하는 친구들보다 싫어하는 친구들이 더 많을 것 같은데, 저는 그게 너무 괴로울 것 같아요.

학급회의 분위기를 바꿀 방법이 없을까요? 혹 심리학에서 도움을 받을 수 있을까요?

리더가 집단을 어떻게 이끌면 좋을지에 대한 고민은 심리학자들도 오랫동안 고민해 온 영역이란다. 조직을 다루는 방식에 대한 전문적인 심리학도 존재할 정도니까. 하지만 주제가 학급회의니까, 특히 학급회의와 민주주의에 대해서 고민을 많이 해 온 아들러의 이야기를 들어 볼 필요가 있겠다.

아들러는 가장 좋은 선생님은 바로 '자연'이라고 말했단다. 왜 자연일까? '자연적으로 일어난 일'이라고 하면 어떤 것들이 생각나니? 태풍이나 가뭄 같은 것이 생각나지? 또 뭐가 있을까? 계절이 바뀌는 것도 생각날 거야. 아들러는 사람이 하는 일 중에 자연적으로 일어나는 것들은 가만히 두면 사람들이 거기에서 교훈을 얻는다고 말했어. 그걸 사람의 개입 없이 자연적으로 나타난 결과라는 의미로 '자연적 결과'라고 부른단다.

자연적 결과의 예를 들어 줄게. 추운 겨울날 얇은 옷을 입고 밖을 돌아다니면 어떻게 될까? 틀림없이 감기에 걸리고 말 거야. 그러면 그 사람은 앞으로 날씨가 추워지면 옷을 따뜻하게 입고 다니겠지. 자연적 결과가 그 사람에게 교훈을 준 거지.

이번에는 교실에서 일어날 수 있는 일로 예를 들어 볼까? 내일 현장체험학습이어서 도시락을 가져와야 한다고 선생님이 말했는데, 알림장에 적지도 않고 건성으로 들으면 어떤 일이 생길까? 다음 날 도시락을 안 챙겨서 배가 고플 거야. 이것도 자연적 결과에 해당한단다. 선생님이 잔소리하지 않아도 다음번 현장체험학습 때는 도시락도 챙기고 간식도 챙길 게 틀림없어. 이런 일이 바로 자연이 주는 교훈이라고 아들러는 말한 거야. 어때? 자연이야말로 최고의 선생님 같지 않니?

그런데 어떤 자연적 결과는 너무 위험하단다. 교통 신호를 지키지 않으면 교통사고가 날 수도 있지. 또 칼을 손으로 쥐면 손에서 피가 나잖아. 그래서 아들러는 자연적 결과로 해결할 수 없는 것들은 사람들과 사회가 개입해야 한다고 주장했어. 그걸 '논리적 결과'라고 불렀단다. 논리적이란 건 규칙을 만들게 된 '상황'과 '규칙' 사이에 논리적인 관계가 있어야 한다는 거야. 예를 들어 줄게.

미술 시간에 물을 엎지르면 어떻게 하는 규칙을 만들 수 있을까?

규칙 1. 남아서 반성문 쓰기

규칙 2. 밀걸레로 물 닦기

규칙 1에는 아무런 논리가 없는데, 규칙 2에는 '실수한 사람이 치운다'는 논리가 포함되어 있지. 그래서 규칙 2가 논리적 결과가 될 수 있는 거야. 만약 이 논리를 납득할 수 없다면 그건 논리적 결과가 될 수 없어. 그래서 논리적 결과를 만들 때는 민주적으로 회의를 해야 해. 지금 너희 반의 학급회의가 그런 과정이 될 수 있지.

논리적 결과를 알았다면 그걸 친구들에게 설득하는 과정이 있어야겠지? 굳이 어려운 말을 써 가며 친구들을 설득할 필요가 없단다. 알기 쉽고 너희들이 자주 사용하는 말로 이야기를 해 봐.

다음 학급회의를 시작할 때, 규칙을 정하기에 앞서 원칙을 정해 보자고 이야기해 보렴. 너희 반 학급 규칙은 어떻게 만들어져야 할까에 대해 이야기해 보는 거야. 선생님 경험으로는 공정해야 하고, 누구나 받아들일 수 있어야 하고, 또 그 사람을 벌주기보다 도움을 주기 위한 것이어야 한다고 생각한다만.

마지막으로 서연이가 이야기하는 것에 대해서 친구들이 반감을 가질 수도 있으니, 사정을 이야기하고 담임선생님의 도움을 받으면 어떨까? 선생님이 충분히 도와주실 수 있는 일인 것 같거든.

논리적 결과를 적용하기 위한 학급회의 절차

논리적 결과를 적용하는 방법은 두 가지로 나뉜다. 교사에 의해서 적용된 논리적 결과와 회의를 통해 합의된 논리적 결과이다. 먼저 교사에 의해 적용된 논리적 결과란, 방금 일어난 돌발적인 일에 대해 교사의 판단으로 논리적으로 관계 있는 행동을 하도록 결정하는 것이다. 미술 시간에 물통을 엎지른 학생에게 스스로 치우도록 말하는 것은 좋은 예이다. 이렇게 적용된 것들은 대개 여러 번 쓰이진 않는다. 나중에 교사는 학생들과의 협의를 통해 논리적 결과를 만들어야 한다. 엎질러진 물에 대해 이야기를 나누고 회의를 통해서 정해진 논리적 결과가 바로 합의된 논리적 결과이다. 교실을 어지럽히면 어지럽힌 사람이 정리해야 한다. 단 지금 당장 시급하지 않다면 기다려 줄 순 있다고 한다면, 이 역시 합의된 논리적 결과의 좋은 예이다.

학급회의에서 논리적 결과는 큰 힘을 발휘한다. 그러나 몇 가지 주의점을 지켜야 한다(Dreikhurs, Grunwald, Pepper, 2013).

학생과 힘겨루기를 하고 있는 상황에서 논리적 결과를 사용하면 이것은 처벌로 바뀌고 만다. 교사는 힘을 행사하는 권위자가 아니다. 질서의 대표자로 행동해야 한다.

결과에 대한 합의는 지속적으로 적용되어야 한다. 물에 손을 넣으면 젖는 것처럼, 부적합한 행동을 하면 반드시 논리적 결과가 뒤따른다는 것을 이해시켜야 한다.

논리적 결과에는 선택이 포함되어야 한다. 예를 들어 계단에서 다른 아이를 미는 학생이 있다면 "다른 아이들을 밀지 않고 혼자 계단을 내려가지 못한다면, 내 손을 잡고 내려가게 될 거야. 네가 결정하렴." 등이다.

논리적 결과를 사용할 수 없는 상황에선 사용하면 안 된다. 안전이나 위험이 예상되는 상황이나 학생이 힘겨루기, 복수하기, 무능력 보이기를 사용하려 할 때이다. 교사는 단호하되 친절함을 유지하고, 목소리를 통해 의지를 전달해야 한다. 또 행동을 한 사람과 행동은 구별되어야 한다. "넌 괜찮지만 네 행동은 아니야."

학생들에게 논리적 결과를 적용하고자 할 때에는 굳이 '논리적 결과'라는 용어를 사용할 필요는 없다. 그 안에 담긴 의미가 더 중요하다. 학급회의에서 규칙을 정하는 원칙을 함께 정하는 것은 논리적 결과의 의미를 이해하기에 좋은 방법이다.

"학급회의를 통해서 만들어지는 규칙들은 어떤 원칙을 통해 만들어져야 할까?"라고 묻고 모두의 답변을 칠판에 적는다. 의견이 충분히 모인 다음에는 비슷한 것들끼리 묶는다. 이때 교사는 논리적 결과의 속성을 이용하면 좋다.

모인 내용들은 이해하기 쉬운 문장으로 묶어 학급 원칙을 만든다. 학급 원칙으로 4행시 만들기, 학급 원칙에 서명하기, 큰 종이에 꾸며서 벽에 붙이기와 같은 활동으로 마무리한다.

부모님이 혹시 저 때문에
싸운 건 아닐까요?

10

　생강 선생님께.

　엄마 아빠가 다투셨어요. 저보고는 방에 들어가 있으라고 하셨는데, 분위기를 바꾸고 싶어서 이것저것 해 달라고 이야기했다가 본전도 못 찾고 오히려 꾸중만 들었어요. 이야기를 방해한다면서 두 분에게 모두 혼나고 방으로 들어왔는데, 너무 불안하고 두려운 거예요. 괜히 저 때문에 부모님이 더 싸우는 건 아닐까 싶고요.

　예전에도 이렇게 다투신 적이 있긴 한데 이러다가 이혼이라도 하시면 어쩌나 걱정이 돼요.

　오늘 걱정이 참 많았겠구나. 미리 말하지만 부모님은 서연이 때문에 다투신 게 아니야. 서연이 말고도 많은 청소년들이 부모님이 다투실 때 자기 때문이 아닐까 걱정한다고 해. '내가 뭐라도 해야 하는 건 아닐까?', '나 때문에 더 심해졌나?', '이러다 이혼이라도 하시면……' 이런 생각을 하면서 말이야. 그만큼 부모님 사이는 자녀에게 큰 영향을 미친단다.

인간이 스트레스를 받는 상황을 조사하고 거기에 점수를 매겨 놓은 조사지가 있단다. '사회재적응평가척도'라고 불리는 것인데, 한 개인이 받는 스트레스의 지표가 될 수 있는 여러 가지 상황을 계량화하기 위한 척도란다. 이걸 보면 어른과 아이가 얼마나 다른지 알 수 있어.

그 설문지에서는 성인에게 가장 높은 스트레스 상황 1위를 '배우자의 죽음'으로 둬서 100점으로 정했단다. 그런데 2위는 '(본인의)이혼'으로 73점으로 뚝 떨어져.

하지만 미성년자에겐 다르게 정했어. 1위는 '부모의 죽음'으로 100점이고(이건 같지), 또 '예상하지 못한 임신 또는 낙태'가 100점으로 같단다. 3위는 '(본인의)결혼'으로 95점, 4위가 바로 '부모의 이혼'으로 90점이야. 미성년자의 스트레스 점수가 사뭇 다르지?

이 검사지는 최근 일 년간 있었던 일을 체크해서 점수를 더하게 하고, 그 점수의 합이 300점 이상이면 건강 이상이 염려되고, 150점 미만이면 적절한 수준으로 보고 있단다.

많은 학생들이 부모님 사이에 대해서 고민하고 있다는 걸 선생님도 알아. 부모님도 하지 않는 고민을 아이들이 대신하고 있는 셈이지. 하지만 명심해야 할 건 말이야, 서연이 때문에 두 분이 다투셨다면 분명 네게도 그 이야기를 하셨을 거야. 걱정이 많겠지만 상황을 있는 그대로 보는 게 우선 필요하겠구나.

　두 분의 마음이 좀 가라앉은 다음에 언제고 네가 느낀 감정을 천천히 이야기 드리면 좋겠구나. 아마 부모님도 네가 이렇게까지 느낀 줄은 모르셨을 거야. 이 이야기는 나중에 천천히 더 해 보자.

스트레스 검사

스트레스를 평가하고 측정하는 방법은 복잡하고 다양하다. 일반적으로 평가 방법은 스트레스 유발 요인에 대한 측정, 스트레스 반응(생리적, 인지 및 행동적 반응 등)에 대한 측정, 스트레스 반응에 대한 개인적 지각, 해석과 대처 방식(대처 기제, 성격 유형 등)에 대한 측정으로 구분된다(조숙행, 2004).

이 중에서 스트레스 유발 요인에 대한 측정의 한 검사가 앞에서 소개한 '사회재적응 평가척도(SRRS, Social Readjustment Rating Scale)'이다. 1967년 미국의 홈스(Thomas Homes)와 라헤(Richard Rahe)는 5천 명을 대상으로 최근 몇 달간 삶에서 어떤 중요한 일들이 있었는지 조사했다. 응답 내용과 응답자들의 질병을 연결지어 SRRS가 만들어졌다. 현재도 삶의 주요 사건이 사람의 건강에 미치는 중요성을 평가하는 데 널리 사용되고 있다.

검사하는 방식은 간단하다. 지난 일 년간 삶의 주요 사건이 발생한 것의 스트레스 지수를 모두 합하여 예상되는 건강 정도를 예측한다. 스트레스 지수 합계가 300점 이상이면 가까운 장래에 질병에 걸릴 위험이 80% 이상이며, 150점에서 299점 사이면 질병에 걸릴 위험이 50%이다. 150점 미만이면 질병에 걸릴 위험이 30%로 적절한 수준으로 보고 있다.

표를 살펴보면 몇 가지 특징을 쉽게 찾을 수 있다. 미성년자의 스트레스 지수가 상대적으로 더 높다. 스트레스 지수가 50 이상인 사건이 성인에게는 7개 항목뿐이지만, 미성년자에겐 25개나 된다. 또 남은 것들도 상당히 점수가 높다. 같은 사건도 미성년자에게는 더 큰 스트레스가 된다. 성인에게는 배우자와의 이혼이 73인 데 비해, 미성년자는 부모의 이혼이 90이다.

이 방식에 대한 비판도 존재한다. 사건들의 변화를 지나치게 강조하고, 개인적 사건의 특징과 개인의 대처 기술 및 자원을 고려하지 않았다는 비판을 받았다. 이에 일상생활을 중심으로 한 검사들도 뒤에 개발되었다.

학급 내에서 교사가 겪는 스트레스 중 주목받는 분야가 있다. 바로 '번아웃(Burnout)'이다. 육체적·정신적으로 완전히 지친 상태를 뜻하는 번아웃은 독립적인 하나의 질병으로 취급되기 힘들다. 국제질병분류 카탈로그에서는 번아웃을 질병을 유발할 수 있는 잠재적 스트레스 문제라고 정의하고 있다(Berndt, 2014).

지금 교사들은 번아웃을 얼마나 경험하고 있을까? 그것은 어느 정도의 스트레스를 일으킬까? 그 스트레스가 육체와 정신 건강에 미치는 영향은 어느 정도일까? 수치로 대답할 순 없지만, 아마 대부분의 교사가 어느 정도의 경험은 대답할 수 있으리라 생각한다. 그만큼 스트레스는 우리 일상에 가까이 있고, 큰 영향을 주고 있다. 스트레스 관리는 점점 중요한 역할을 차지하게 될 것이다.

SRRS - 삶의 주요 사건과 스트레스 지수(성인용)

순위	사건	스트레스 지수
1	배우자의 사망	100
2	이혼	73
3	별거	65
4	투옥	63
5	가까운 가족의 사망	63
6	본인의 상해 또는 질병	53
7	결혼	50
8	실직	47
9	배우자와 재결합	45
10	퇴직 혹은 은퇴	45

11	가족의 건강 상태 변화	44
12	임신	40
13	성생활 문제	39
14	새로운 가족 구성원 합류	39
15	사업 조정	39
16	재무 상태의 변화	38
17	가까운 친구의 죽음	37
18	부서 이동	36
19	배우자와 언쟁 증가	35
20	거액 부채	32
21	대출에 의한 압류	30
22	직업적 책임 변화	29
23	자녀 독립	29
24	시댁 혹은 처가 식구와 불화	29
25	뛰어난 개인적 성취	28
26	배우자의 취직 혹은 퇴직	26
27	입학과 졸업	26
28	생활 환경의 변화	25
29	개인적 습관 변화	24
30	상사와 갈등	23
31	노동 조건의 변화	20
32	이사	20
33	전학	20
34	취미 활동 변화	19
35	종교 활동 변화	19
36	사회 활동 변화	18
37	소액 부채	17
38	수면 습관 변화	16
39	가족 모임 횟수의 변화	15
40	식습관 변화	15

41	휴가	13
42	크리스마스	12
43	가벼운 법규 위반	11

SRRS - 삶의 주요 사건과 스트레스 지수(미성년자)

순위	사건	스트레스 지수
1	부모의 죽음	100
2	예상하지 못한 임신과 중절 수술	100
3	결혼	95
4	부모의 이혼	90
5	눈에 띄는 흉터나 기형	80
6	양육	70
7	부모가 1년 이상 감옥형 선고	70
8	부모의 별거	69
9	형제자매의 죽음	68
10	동료로부터 따돌림	67
11	자매의 예상하지 못한 임신	64
12	입양된 사실을 앎	63
13	부모의 재혼	63
14	가까운 친구의 죽음	63
15	눈에 띄는 선천적 기형	62
16	입원 치료해야 할 심각한 질병	58
17	유급	56
18	과외 활동 금지	55
19	부모의 입원	55
20	부모가 30일 이상 감옥형 선고	53
21	친구와 헤어짐	53
22	데이트 시작	51
23	정학	50
24	술 또는 마약에 손대기	50

25	형제자매의 탄생	50
26	부모 사이의 언쟁 증가	47
27	부모의 실직	46
28	뛰어난 개인적 성취	46
29	부모의 재무 상태 변화	45
30	선택한 대학 입학	43
31	고등학교 3학년 되기	42
32	형제자매의 입원	41
33	부모의 부재 시간 증가	38
34	형제자매의 독립	37
35	가족에 성인 추가	34
36	교회에서 고참되기	31
37	부모 사이의 언쟁 줄어듦	27
38	부모와의 언쟁이 줄어듦	26
39	부모의 취업	26

11 화가 났는데, 내가 뭘 원하는지 모르겠어요

 생강 선생님께.

학교에서도 기분 나쁜 일이 없었고, 집에 와서도 별다른 일이 없었는데 기분이 너무 안 좋은 거예요. 숙제하다가 밤이 되면 씻고 양치도 해야 하는데, 갑자기 이렇게 반복되는 다람쥐 쳇바퀴 같은 생활이 너무 짜증이 났어요. 그래서 제 방에 들어가서 이불을 뒤집어쓰고 울었어요. 한참을 울어도 화가 풀리지 않아서 너무 놀랐어요. '내가 이렇게까지 성격이 이상한 사람이었나?'

제가 운다는 걸 엄마가 아시고는 무슨 일 있냐고 물어보셨어요. 그런데 아무 일도 없다고 소리치면서 엄마한테 버럭 성질을 냈지 뭐예요. 엄마는 필요한 게 있으면 이야기하라고 그러곤 나가셨어요.

그런데 있잖아요, 제가 뭘 원하는지 모르겠어요. 어떻게 해야 제 화가 풀릴지 저도 모르겠어요.

서연아, 선생님이 알려 주는 대로 하면 네가 원하는 바를 알수 있을 거야. 이 방법은 심리학자 드세이저(Steve De Shazer)가 사용한 '기적질문(Miracle Question)'이란 거야.

우선 이 편지를 받고 난 다음에 기적이 일어나 네 문제가 모두 해결되었다고 상상해 보렴. 무엇을 보면 기적이 일어났다는 걸 알 수 있을까? 엄마는 무엇을 보면 네게 기적이 일어났다는 걸 알까?

선생님, 편지를 받고 한참을 생각해 봤어요. 일단 아침에 눈을 떴을 때 오늘 하고 싶은 일을 제가 정할 수 있으면 좋겠어요. 매일 반드시 해야 하는 일들 말고요. 그리고 옛날에 친했던 친구들이 다시 전학을 와서 한 교실에 모여 있었으면 좋겠어요. 마지막으로 엄마가 저한테 이거 해라, 저거 해라 잔소리를 안 하면 좋겠어요. 딱 이 정도면 기적이 일어났다고 생각할 것 같아요. 이렇게만 된다면 정말 기분 좋을 텐데.

서연이가 바라는 기적이 아주 재미있구나. 그럼 선생님과 네가 말한 기적을 하나하나 살펴볼까?

1. 오늘 할 일을 내가 정할 수 있으면 좋겠다.
2. 옛 친구들이 다시 전학을 오면 좋겠다.
3. 엄마가 상냥하게 대해 주면 좋겠다.

1번은 일어날 가능성이 있어 보이네. 너는 지금 반복되는 일상이 너를 옥죈다고 느끼는 것 같아. 여유를 갖고 싶어 하는 것 같기도 하고. 무엇보다 네 생활을 주도적으로 이끌고 싶어 하는 것 같구나.

2번은 현실적으론 어렵겠구나. 전학 간 친구들이 다시 오는 건 어려우니 좀 더 가능한 기적을 떠올려 보면 어떨까? 그 친구들과 방학 때 만날 계획을 세운다든지, 다시 연락을 하게 된다든지 말이야.

3번은 엄마의 생각을 물어봐야겠구나. 이 기적이 엄마를 바꿀 수 있을까? 기적이 일어나도 문제만 해결되었지 너는 바뀌지 않았잖아. 그러니까 엄마도 바뀌지 않는다고 봐야 하지 않을까? 그런데 3번은 가능하긴 하지. 예를 들면 네가 잔소리할 상황을 없애 버린다거나, 엄마에게 먼저 상냥하게 말을 건다는 걸로 말이야.

기적질문은 네가 뭘 원하는지 알아내는 데 사용하는 방법이야. 드 세이저는 사람들을 상담 치료 하던 중 "기적이라도 일어나면 모를까……."라고 말하던 사람들의 말을 귀담아듣고 이 방법을 만들었어. 뭘 원하는지 알아내는 데 큰 도움이 된다는 거지. 그리고 많은 사람들이 기적질문에 답하는 동안 기분이 참 좋아진단다. 문제가 해결되었다는 상상만으로도 기적을 체험한 것 같은 기분이 들기 때문이야.

그러면 문제가 해결되도록 기적을 한번 만들어 보면 어떨까? 엄마가 서연이에게 필요한 것이 있으면 말해 달라고 하셨잖아. 선생님이 보기엔 그게 기적을 일으키는 마법 주문처럼 느껴지는걸? 누구보다 너를 사랑하는 엄마와 상냥하게 대화를 나눠 보렴.

기적질문

"기적이라도 일어나면 모를까······."

드세이저는 절망에 빠져 있는 내담자와 상담하면서 듣게 된 이 말에서 힌트를 얻어 기적질문을 만들게 되었다고 한다. 그러고는 "어느 날 밤 잠든 사이 기적이 일어나 이 문제가 해결되었다고 상상해 보세요. 기적이 일어난 줄 어떻게 알았을까요? 무엇이 달라졌을까요? 당신이 남편에게 기적에 대해 아무 말도 하지 않았는데, 남편은 그것을 어떻게 알까요?"라는 질문을 내담자에게 사용했다고 한다.

이 질문을 통해 내담자는 자신의 문제에서 벗어난 예외 상황을 보다 쉽게 찾을 수 있게 되었다.

상담에서 기적질문을 사용하는 목적은 네 가지로 설명할 수 있다. 첫째, 치료의 목적을 설정하기 위해서이다. 둘째, 가상적으로 기적을 체험하는 효과를 준다. 셋째, 예외에 대한 준비를 미리 할 수 있다. 넷째, 개선된 이야기를 창조할 수 있다(김춘경 외, 2016.)

이 이론은 과거에 집중하지 않고, 내담자가 현재 성취하고자 하는 필요에 집중한다. 지각할 수 있는 모든 방법으로 이상적인 미래를 창조해 내도록 격려한다. 상담자의 격려를 통해 내담자는 스스로 앞으로 나아간다.

교육 현장과 관련된 이야기가 뉴스에 나올 때면 다들 절망스런 마음에 한숨을 내쉴 때가 많다. 내가 직접 겪은 일은 아니지만, 만약 내가 그 상황이었더라도 어쩔 수 없었을 거라는 생각은 교사들을 괴로움에 빠뜨린다. 그럼에도 불구하고 출구를 떠올려야 한다면 이런 생각을 해 볼 수 있지 않을까? 기적이 일어난다고 말이다. 기적은 그 교실을, 교사와 학생과 학부모와의 관계를 어떻게 변화시킬까? 우리가 바라는 기적 같은 일상은 어떤 모습일까? 수업, 업무, 수업을 위한 연구 환경은 어떤 모습일까? 교사들이 스스로에게 기적질문을 더 자주 던져 봐야 할 필요성이 여기에 있다.

나를 만나게 해 주는 심리학

자기 자신을 얼마나 아는지 물으면 사람들은 쉽게 대답하지 못한다. 어쩌면 심리상담가들이 다양한 검사나 상담을 통해 알고 싶은 것은 바로 자기 자신이 아닐까. 학생들 역시 진정한 자기를 만나고 싶어 한다. 나를 알고자 하는 마음은 심리학자의 그것과 전혀 다를 바 없다.

우리는 아이들에게 나중에 커서 어떤 사람이 되고 싶냐고 당연하게 묻는다. 하지만 아이들이 우리에게 당신은 지금 어떤 사람이냐고, 어릴 때 꿈꾸던 사람이 되었느냐고 되묻는다면 대답하기 어려울 것이다. 헤르만 헤세(Hermann Hesse)는 그의 소설 『데미안』의 서문에서 이렇게 말했다.

"작가들은 소설을 쓸 때 마치 자신이 신적인 존재처럼 구는 경향이 있다. 한 사람의 인생을 개관하고 파악한 것처럼 말이다. 그래서 마치 신이 직접 이야기하는 것인 양 거침없이, 본질적인 것까지 묘사를 한다. 하지만 나는 그럴 수 없다. 사실 다른 작가들도 잘하지는 못한다. (……) 우리는 서로를 이해할 수 있다. 하지만 해석할 수 있는 것은 자기 자신뿐이다."

헤세가 비판했던 작가들의 모습은 학교에서도 쉽게 찾아볼 수 있다. 학생들을 쉽게 판단하고 평가한다. 마치 모든 것을 다 아는 양 군다. 그런 태도는 오히려 서로의 마음을 닫게 하고, 대화도 어렵게 만든다. '자기'를 알아가려는 학생을 만난다면 교사는 헤세의 자세를 가져야 한다. 너를 이해하려고 노력하지만, 그 의미는 너만이 알고 있다는 자세 말이다.

3장에서는 심리검사, 발달단계, 비합리적 신념, 트라우마, 초기기억, 사적 논리처럼 자신을 이해하는 데 도움이 되는 이론에 대해 이야기한다. 이것들은 하나하나 단편적인 지식처럼 보이지만, 인간의 마음에 대한 궁금증을 해결하고자 했던 심리학자들의 목표는 같았다. 심리학자들이 가장 이해하고 싶었을 인간은 자기 자신이 아니었을까?

* * *

　3장에 등장하는 아이는 도윤이다. 이제 막 사춘기가 시작된 5학년 남학생으로 친구들과 장난치고 노는 걸 제일 좋아하지만, 가장 궁금한 건 바로 자기 자신이다. '나는 누굴까?', '이런 생각을 다른 사람들도 할까?', '어른들의 말은 다 맞는 걸까?' 같은 생각을 하는 도윤이에게 심리학은 새로운 발판이 되어 준다.

반드시 해야 하는 일, 해야만 할 것 같은 일, 하고 싶은 일, 하지 않아도 되는 일

 도윤이에게.

선생님이 초등학교 4학년 때쯤의 일이야. 시골에서 살던 나는 여름이면 얕은 개울가에서 친구들과 물놀이하는 것을 빠뜨리지 않던 하루 일과를 보냈단다. 개울가에 도착하면 옷을 벗어던지고 친구들과 신나게 물장구를 쳤지. 그날이 조금 달랐다면 주머니에 500원짜리 동전 4개가 있었다는 거야. 왜 동전을 가지고 갔느냐고? 건전지가 들어가는 게임기를 빌려 왔기 때문이었어. 건전지를 사려면 2천 원이 필요했는데, 아껴 둔 용돈을 전부 가지고 온 거였지.

한참을 놀다가 다시 옷을 입고 가게에 가는 중에 주머니에 손을 넣어 보니 동전이 한 개 부족한 거야. 개울가로 다시 되돌아갔지만 찾을 수 없었어. 나는 하늘이 무너져 내린 것만 같았지. 그러다 나는 아주 우스꽝스러운 행동을 했단다. 바로 남은 동전을 물속으로 던져 버리려 한 거야. 그 모습을 본 친구가 말렸지만, 나는 듣지 않았어.

"완전히 망했어! 반드시 2천 원이어야 한다고! 남은 것들은 모두 다 쓸모없어!"

그렇게 소리치고는 500원짜리 동전 3개를 멀리 물속으로 날려 버렸단다. 그때 어이없는 얼굴로 나를 쳐다보던 친구의 표정이 지금도 생생하구나.

나중에 심리학 공부를 하면서 알게 된 건데, 어린 시절의 선생님이 저지른 실수에 대해서 연구한 심리학자가 있었단다. 앨버트 엘리스(Albert Ellis)라는 심리학자인데, 그의 연구 결과에 따르면 사람들은 '비합리적인 생각'이 만들어 낸 '비합리적인 말'을 쓰고 있다는구나. 말이 조금 어렵지? 조금 쉽게 말하면, 동전을 물속으로 던져 버린 것처럼 이해되지 않는 행동 너머에는 자기만 갖고 있는 이상한 생각이 있다는 거야. 좋지 않은 일이 일어나면 그 원인을 찾거나 객관적으로 판단하기보다 극단적으로 부정적인 결론을 미리 내리고, 이러한 일들이 반복되면 어느덧 부정적인 방향의 사고방식을 만들어, 자신에 대해 부정적인 생각을 갖게 하는 거지.

어린 시절의 선생님이 동전을 던지면서 뭐라고 했는지 살펴보렴. '완전히', '반드시', '모두 다' 등의 극단적인 말을 사용했지? 어린 시절의 나는 이런 말들을 만들어 낸 생각이 머릿속에 가득 차 있었던 모양이야. 그런데 어른들도 마찬가지란다. 이런 말을 자주 사용하는 사람들을 잘 살펴보렴.

"어린아이는 반드시 착해야 한다."

"뭐든지 잘해야 한다."

"형은 늘 동생에게 양보해야 한다."

이 말대로 된다면 좋은 것도 있겠지만, 참 지키기 쉽지 않은 것들이
란다. 무슨 일이든 예외가 있잖니. 사람마다 착한 일이나 잘하는 것, 양
보에 대한 생각이 다르니 말이야. 이런 말들을 엘리스는 세 가지로 설
명했단다.

첫째, 나는 반드시 ＿＿＿해야 한다.

둘째, 너는 반드시 ＿＿＿해야 한다.

셋째, 나의 주변은 항상 ＿＿＿해야 한다.

빈칸에 아무것이나 넣어 보렴. 재미있게도 지키기 어려운 것들이 되
어 버린단다.

선생님, 편지 속의 어릴 적 선생님이 마치 제 친구같이 느껴
져서 좋았어요. 만약 제가 그 옆에 있었다면, 날아가는 동전을 잽싸게
잡아채서 돌아오다가 아이스크림 사 먹었을 거예요.

선생님이 말씀하신 빈칸을 채워 봤어요. 그런데 선생님 말씀대로 진
짜 자주 쓰면 안 좋은 말을 많이 쓰고 있더라고요. 그 습관을 고치기 위

한 방법도 알려 주실 거죠? (이건 제가 채워 본 빈칸이에요.)

나는 반드시 동생에게 양보해야 한다.
너는 반드시 공부해야 한다.
나의 주변은 항상 안전해야 한다.

도윤아, 빈칸을 채워 보고 나면 많은 사람들이 너와 같은 생각을 하더구나. 빈칸에 뒤따라오는 말들이 좋지 않은 이유는 다음의 생각들이 따라오기 때문이란다.

첫 번째는 '……하다니 큰일났다.'라는 생각이야. 나에게 큰일이 일어난 것처럼 생각하게 되는 거지. 실은 작은 일인데도 큰일처럼 생각하고, 상황을 끔찍하게 바라보게 되지. 도윤이 말대로라면 반드시 동생에게 양보해야 하는데, 양보하지 않았을 땐 큰일이 날 거라 생각하게 되는 거야. 반드시 해야 하는 일을 하지 않았으니 부모님께 혼이 나거나, 동생이 크게 울어 버릴 수도 있겠지. 아니면 화가 나서 내 물건을 망가뜨릴 수도 있고 말이야.

두 번째는 '……하다니 나는 형편없는 사람이야.'라는 생각이야. 이런 걸 '자기비하'라고 한단다. 자신의 가치를 형편없게 생각하는 거야. 한 가지 행동만 가지고 전체를 평가해 버리는 거야. 네 말을 생각해 보자면, "너는 반드시 공부해야 한다."라고 말하는 사람은 자신도 모르는 사이에 상대방의 행동 중에서 공부를 가장 중요하게 생각하게 되지. 다른 수많은 장점이 있어도 반드시 해야 하는 공부를 하지 않았으니 그 사람은 불성실하게 느껴져서 좋은 점수를 줄 수가 없지.

세 번째는 '……하다니 견딜 수 없어.'라고 생각하게 되는 거야. 나의 주변이나 사람들은 마땅히 해야 할 것들이 있는데, 조건을 만족시키지 못해서 견디지 못하는 거야. 내 주변이 반드시 안전해야 한다고 생각한다면, 위험한 일을 조금 만나더라도 참기 어려워지는 거야. 또 나는 그런 환경을 바꿀 수도 없으니 스트레스만 받게 된단다.

어때? 이런 생각들을 계속하게 된다면 기분이 정말 이상할 것 같지? 아마 도윤이가 빈칸을 채울 때는 이런 생각들이 뒤따라올지 예상하지 못했을 거야. 어린 시절의 선생님은 동전 한 개를 잃어버렸을 뿐인데도 '건전지를 살 수 없으니 큰일 났다!', '동전 하나 제대로 챙기지 못하다니 나는 형편없어.', '게임을 못하게 된 것은 견딜 수 없어!'라고 생각하지 않았을까?

그렇다면 이런 말이나 생각의 습관을 어떻게 바꿀 수 있을까? 이런 생각들이 뒤따라오지 못하게 스스로 말을 거는 거야. 잘못된 생각에 대해 하나하나 따져 보는 거지. 이걸 어려운 말로 '논박'이라고 한단다. 심리학자 엘리스는 논박을 좀 더 쉽게 하기 위해서 여러 가지를 이야기해 놓았더구나. 그중에서 도윤이도 할 수 있을 만한 것을 알려 줄게.

제일 간단한 건 이유를 들어서 따지는 거야.

"그 생각이 맞다는 근거가 있어?"
"어떻게 그 말이 맞다고 확신할 수 있지?"
"매번 그렇게 되는 건 아닐걸?"

적어 놓고 보니 정말 네가 잘할 수 있을 것 같구나. 하하하. 뭐라고? 그 말에 대해서 근거를 댈 수 있냐고? 맞아, 바로 그게 근거야. 그동안 경험해 본 것들 말이야.

두 번째가 바로 이 경험이야. 무슨 일이든 '반드시'로 연결되는 말들은 늘 허점이 있거든. 학생이라고 해서 반드시 공부만 하지 않잖아. 또 항상 동생에게 양보해야 하는 건 아니지. 그래서 이런 경험들을 떠올려 보렴.

"그렇게 되는 게 좋다고 해도 실제로 그것이 가능하니?"
"현실적으로 그 일이 일어날 가능성은 얼마나 되지?"
"그런 일이 일어났다고 해도, 그것이 그렇게 끔찍하고 무시무시한 일이 될까?"

아마 도윤이의 질문을 받은 너 자신은 자기 경험 속에서 질문의 답을 찾아낼 거야. 중요한 건, 무슨 일이든 반드시 일어나는 건 없다는 걸 생각해 보는 거야. 거기서부터 그 생각에는 작은 균열이 생길 거야.

마지막 방법은 실용적으로 생각하는 거야. 그런 생각을 하는 것이 실제로 문제를 해결하는 데 도움이 안 되잖니. 문제도 해결되지 않고, 기분도 나빠지는데 그런 생각이 내 마음을 휘젓게 놔둘 순 없지. 그러니까 그런 생각을 하고 있는 나에게 묻는 거지.

"그런데 그 생각이 문제 해결에 도움이 되니?"
"더구나 기분도 나빠지는데 왜 그 생각을 계속하려고 해?"

이렇게만 자신에게 따져 물어도 반드시 이래야 한다, 저래야 한다는 생각들은 금방 꿀 먹은 벙어리가 된단다. 이렇게 몇 번 하다 보면 '반드시', '항상', '모든 것' 등을 말하는 습관은 곧 고쳐질 거야.
편지의 마지막이니 선생님도 어린 시절로 돌아가서 나 자신에게 몇 마디 전하고 싶구나.

"나는 동전을 잃어버렸습니다. 그건 보통 동전이 아니었습니다. 그 동전이 없으면 나는 게임기에 넣을 건전지를 살 수 없기 때문입니다. 용돈이 생길 때까지 기다리다 보면 방학 내내 사지 못할 수도 있습니다. 게임기를 빌려준 사촌형이 다시 가져갈 때까지 한 번도 못할 수도 있어요. 그렇지만 나는 어리석은 아이가 아니에요. 나는 동전을 잃어버렸을 뿐이니까요. 아까는 화가 나서 남은 동전까지 던져 버리고 말았지만, 그래도 나는 나를 받아들입니다. 화가 난 것도 나고, 이렇게 스스로에게 말을 걸 수 있는 것도 나니까요."

  ＊ 추신 : 도윤이도 눈치챘을지 모르겠지만 옆에 있는 친구와 잠깐이라도 이야기했더라면 이런 흑역사는 없었을 거야. 나중에 그 친구가 그렇게 말하더구나. "왜 내게 도와 달라고 하지 않았어?"

비합리적 신념을 부르는 Must, Must, Must

심리학자 앨버트 엘리스는 비합리적 신념은 세 가지 당위성과 관련되어 있는 것으로 보았다.

첫째, I must. 자신에 대한 당위성이다. 나는 좋은 사람이어야 한다, 나는 성공해야 한다, 나는 실패해서는 안 된다고 생각한다. 자신을 너무 엄격하게 대한 나머지 조금이라도 훼손되면 엄청난 충격을 받는다.

둘째, You must. 자신과 밀접하게 관련된 사람들(부모님, 자녀, 친구, 동료 등)에게 자신의 기준에 맞는 행동을 요구하는 일이다. 부모님이라면 당연히 자녀를 사랑해 줘야죠, 내 자식이니까 내 말을 들어야지, 부하 직원은 상사의 지시에 따라야 하는 거야, 애인이라면 나에게 모든 관심을 쏟아 주어야 한다고 생각한다. 이런 상황에서 기대감이 충족되지 않으면 상대에게 불만이 쌓이고, 결국 인간 전체에 대한 회의를 갖게 된다.

셋째, Conditions must. 내 주변 조건은 반드시 어떠해야 한다고 요구하는 것이다. 나의 가정은 늘 화목해야 한다, 나의 교실은 깨끗하고 조용해야 한다고 생각한다. 자신이 바라는 것만큼 되지 않을 때 만족하지 못하고 분노를 터뜨린다.

엘리스는 특이한 행동으로도 유명한 심리학자였다. 사춘기 시절 수줍음이 많았던 그는, 특히 여성 앞에만 가면 더 얼어붙었다. 하루는 꽃을 들고 서서 지나가는 여성

100명에게 데이트 신청을 했다고 한다. 결과는 어떻게 되었을까? 대부분의 사람들에게 거절을 당했다. 하지만 엘리스는 여자들로부터 거절당했다고 해서 죽을 만큼 괴롭지는 않다는 것을 깨달았다. 그는 이걸 '수치심 공격 연습(shame attacking)'이라고 불렀다.

평소 부끄럽고 굴욕적이라고 생각했던 일을 실생활에서 시도해 보고, 이러한 활동이 생각과는 달리 수치스럽거나 두려운 일이 아니라는 것을 깨닫게 하는 상담 기법으로, 자신을 찾아온 환자들에게 특별한 숙제를 내주기도 했다. 줄에 바나나를 매달고 시내 중심가를 거닐거나, 지나가는 사람들에게 북극으로 가는 길을 물어보는 것 같은 일이었다(Jules Evans, 2012).

2 선생님이 아무 말도 안 하셨는데
다 함께 움직였어요

 생강 선생님께.

저는 학급 회장인데, 제가 무슨 이야기를 할 때면 우리 반 아이들은 잘 듣지 않아요. 꼭 전달해야 하는 사항이 있는데도 와자지껄 떠들기만 해요. 담임선생님은 반 아이들에게 전달이 안 되었다고 저만 혼내시는데, 그럴 때면 좀 억울해요.

그래서 고민하다 평소 리더십 있다는 이야기를 듣는 다른 반 회장인 민재를 눈여겨보았어요. 저희 담임선생님도 관찰하고요. 며칠을 지켜보니 드디어 그 비결을 발견했어요! 유레카!

그건 바로 민재나 저희 담임선생님이나 모두가 조용해지지 않으면 절대 말을 시작하지 않는 것이었어요. 담임선생님은 아이들이 조용해질 때까지 기다리셨다가 모두가 집중하면 이야기를 시작하셨어요. 민재도 마찬가지더라고요. 그동안 저는 애들이 시끄럽게 떠들어도, 저를 쳐다보지도 않았을 때도 그저 소리만 높여 말하면 된다고 생각했는데, 그런 행동이 반 아이들에게 제가 말할 때는 시끄러워도 괜찮다는 인상을 심어 주고 있었던 것 같아요.

선생님, 아주 놀라운 발견을 한 거 맞죠? 혹시 이런 것도 미리 연구한 심리학자가 있나요?

도윤아, 먼저 박수를 보낸다. 도윤이는 사람에 대한 관찰력이 정말 뛰어나구나. 네 이야기를 읽으면서 선생님도 놀랐단다. 핵심을 잘 짚은 것 같아서 말이야. 네 짐작대로 심리학자들은 어떤 생각이 들면 그것을 증명해 줄 수 있는 실험을 설계한단다. 마치 과학 실험을 준비하는 것처럼 말이야. 선생님이 말해 주는 많은 심리학 이론들이 다 그러한 실험에서 비롯된 것이란다.

특히 인간의 행동을 연구한 심리학을 '행동주의 심리학'이라고 부르는데, 행동주의 심리학은 실험으로 인한 결과가 가장 뚜렷하게 나타나는 심리학이기도 해. 처음에는 동물을 대상으로 실험을 많이 했는데, 인간보다는 조건이 까다롭지 않았거든. 그럼 행동주의 심리학에서 가장 유명한 실험 몇 가지를 소개해 볼까?

먼저 조건 반사를 발견한 파블로프(Ivan Pavlov)의 실험이야.

파블로프는 심리학자처럼 알려져 있지만 생리학자였어. 러시아에서 처음으로 노벨 생리학상을 탄 인물이기도 하지. 그는 대부분의 시간을 연구실에서 보냈을 만큼 연구에 매진한 사람이었단다. 파블로프는 입에서 나오는 침이 음식물 분해에 미치는 영향에 관심을 가졌는데, 먹이의 특성에 따라 침의 양이 달라진다는 것을 알고는 특별한 실험을 했지. 그게 바로 '파블로프의 개'로 알려진 실험이야.

파블로프는 개의 입에 튜브를 연결해서 개가 흘리는 침의 양을 기록했어. 처음에는 개에게 먹이를 주었지. 당연히 개가 침을 흘렸겠지? 그리고 다음엔 종소리를 들려주며 먹이를 준 거야. 그때도 개는 침을 흘렸어. 그렇게 반복한 뒤에 먹이는 주지 않고 종소리만 들려주었어. 어떻게 되었을까? 개는 먹이를 주는 줄 알고 침을 흘린 거야. 개가 처음에 종소리만 들었다면 아무 반응이 없었을 텐데 신기하지 않니? 파블로프의 실험이 유명해지자 다른 연구자들도 여기에 큰 관심을 가졌어.

스키너(Burrhus Skinner)는 쥐를 가지고 실험을 했단다. 배고픈 상태의 쥐를 상자에 넣고 지렛대를 누르면 먹이가 나오도록 했어. 쥐는 상자 안을 돌아다니다가 우연히 지렛대를 누르면 먹이가 나오는 것을 보고 이후 지렛대 누르는 행동을 자주 하게 돼. 이러한 과정이 반복되면서 쥐는 지렛대를 누르면 먹이가 나온다는 사실을 학습하게 된단다. 이 실험을 통해 스키너는 '보상(먹이)'이 행동을 더 하게 만든다는 걸 확인한 거야. 그렇게 행동을 더 하게 만드는 걸 '강화'라고 한단다.

부모님이나 선생님은 아이가 바람직한 행동을 했을 때 보상을 통해 강화하려고 하지. 사탕이나 칭찬 스티커를 주기도 하고, 놀이공원에 가기로 약속하기도 하잖니.

두 가지 실험이 도윤이가 찾아낸 이야기와 어떤 관련이 있냐고? 반 친구들이 조용해지지 않았는데도 도윤이가 말을 시작한 것은 아마도 반 친구들의 행동을 강화했을 거야. 하지만 모두가 집중할 때까지 기다리는 행동은 너에겐 '종을 흔드는 것'과 같았을 테지. 종을 흔들면서 '나 지금 중요한 이야기를 전달할 거야.'라는 신호를 주는 것이잖아. 그리고 친구들에겐 '지렛대를 누르는 것'이었을 거야. 우리가 지렛대를 눌러야만 중요한 소식을 들을 수 있으니까. 여기서 주의할 점이 있어. 만약 도윤이가 그렇게 집중된 상황에서 친구들에게 중요하지 않은 시덥잖은 이야기를 한다면 반 친구들은 앞으론 집중하지 않게 될지도 모른단다.

도윤이가 꼬마 심리학자처럼 일상생활에서 재미있는 심리학의 법칙을 발견해 내다니, 선생님은 정말 뿌듯하구나. 앞으로도 더 재미있는 내용을 찾으면 알려 주려무나.

연구에 대한 윤리 비판

행동주의 심리학의 연구에 모두가 찬사를 보냈던 것은 아니다. 다양한 비판도 함께 했는데, 그중 하나가 '윤리'에 대한 것이었다.

초기 연구자였던 파블로프의 개 실험에는 700마리가 넘는 개들이 희생되었다. 음식을 보고 흘리는 타액의 양을 확인하기 위해 턱에 구멍을 뚫고 침샘에 호스를 연결했는데, 실험에 동원된 개들은 정상적인 생활을 할 수 없었고, 얼마 지나지 않아 죽고 말았다. 이에 대해 파블로프는 말년에 죄책감을 토로했다고 한다.

잘 알려진 파블로프의 개 실험 외에도, 파블로프는 개에게 원과 타원을 구분하는 훈련을 시켰다. 원 모양을 보면 먹이를 주고, 타원 모양을 보면 먹이를 주지 않았다. 그러나 파블로프는 점점 타원을 원에 가깝게 했고, 개는 구분이 어려워지자 아무 때나 침을 흘리고, 우리 안을 빙빙 돌며 오줌을 흘렸다. 파블로프는 이를 신경증 환자가 보여 주는 행동과 유사하다고 해서 '실험적 신경증'이라고 불렀다.

존 왓슨(John Broadus Watson)은 고전적 조건 형성이 인간에게도 적용된다는 것을 실험으로 증명했다. 이 실험에 참여한 아이가 '앨버트'라는 이름을 가지고 있었기 때문에, '어린 앨버트 실험(Little Albert Experiment)'이라고 불린다.

9개월 된 아기 앨버트는 방 안에서 강아지와 흰쥐, 원숭이 같은 동물들, 사람 가면, 불타는 종이 등의 물건을 처음으로 접하고는 만져 보려 하면서 호기심을 보였다. 앨버트가 한창 놀고 있을 때 연구원이 망치로 쇠막대기를 마구 두드려 큰 소음을 냈다. 그 소리에 놀란 앨버트는 자지러지게 울기 시작하고 무서워했다. 두 달 후 11개월이 된 앨버트에게 다시 흰쥐를 보여 줬다. 연구원은 앨버트가 흰쥐를 만지려고 할 때마다 쇠막대기를 두드려 놀라게 했고, 일주일 간격으로 2회에 걸쳐 일곱 번 반복했다. 그 이후 앨버트는 전에는 잘 만졌던 흰쥐를 보기만 해도 울음을 터뜨리며 공포감을 드러냈다.

왓슨은 '재조정'을 통해 공포를 원래대로 돌이키려고 했지만, 시간이 부족해서 연구는 마무리 짓지 못했다. 개인적인 사유로 교수직에서 사임했기 때문이다. 이 연구는 생후 9개월의 아이에게 행해졌고, 인공적으로 공포를 자아냈다는 점에서 윤리적 비판을 받았다.

BBC에서는 2010년 앨버트의 행적을 추적한 다큐멘터리를 방송했다. 왓슨이 근무했던 존스 홉킨스 병원의 직원의 아이였던 앨버트의 본명은 더글라스 메리트(Douglas Merritte)로, 안타깝게도 5세에 뇌수종으로 사망했다는 소식을 확인했다. 아이는 죽기 전까지 털이 있는 동물들을 싫어했다고 한다.

행동주의 심리학 연구에서의 윤리적 문제는 점점 첨예해지고 있다. 우리나라에서도 2013년부터 「생명윤리 및 안전에 관한 법률」이 시행되었다(구체적인 내용은 irb. or.kr에서 확인 가능하다). 이에 따라 심리학 논문에서도 '기관생명윤리위원회'의 인증을 필수로 요구하는 경우가 늘어나고 있다. 특히 학생들을 대상으로 양적연구 실험을 계획하는 연구자에겐 필수적인 내용이다. 인간의 존엄과 가치를 침해하거나 위해를 끼치는 것을 방지하는 것을 목적으로 하고, 인간 대상 연구를 수행하고자 하는 교육·연구기관 또는 병원 등은 기관위원회(IRB-Institutional Review Board)를 설립해야 하고, 심의를 받도록 하고 있다. 늦었지만 환영할 일이다.

어린 앨버트 실험 영상	Finding Little Albert(BBC)

마음의
흉터

  생강 선생님께.

　오늘 끔찍한 장면을 봤어요. 길고양이가 도로를 건너다가 달리는 차에 치여 사고를 당한 장면이었어요. 그런데 집에 오는 내내 계속 그 장면이 떠올랐어요. 마음이 가라앉질 않아서 함께 있던 친구에게 전화를 했더니 자기도 그렇다고 이야기하더라고요. 혹시 오늘 밤 꿈에도 나올까요? 계속 생각날까 봐 걱정돼요.

　도윤이가 본 장면은 누구에게나 괴로운 장면이지. 선생님도 길을 가다가 로드킬의 흔적을 보면, 혹시 나도 저렇게 곤란을 겪지는 않을까 겁이 나면서 운전하는 게 조심스러워질 때가 있단다. 그러한 사람들의 감정을 심리학자 프로이트(Sigmund Freud)는 '트라우마'라고 표현했단다.

트라우마는 일반적인 의학 용어로는 몸의 외부에 생긴 상처란 의미로 '외상'이라고 부르는데, 심리학에서는 마음에 생긴 상처를 뜻해. 우리에게 익숙한 말로는 '충격'이라고 할 수 있단다. 말의 어원도 상처를 뜻하는 그리스어 '트라우마트(traumat)'에서 왔고 말이야.

신체적인 상처는 시간이 지나면 나아지지만, 트라우마 증상은 바로 시작될 수도 있고, 마음 깊숙한 곳에 숨어 있다가 나중에 나타나기도 한단다. 프로이트는 '엠마'라는 여성을 상담한 적이 있었어. 그녀는 옷가게에 들어가지 못하는 광장 공포증을 앓고 있었는데, 그녀의 상황을 알아가던 중에 어릴 적에 옷가게에서 비웃음을 당하고, 성추행을 당한 경험이 지금 떠올라서 트라우마가 되었다고 이야기하기도 했지.

트라우마가 생긴 이후에 스트레스를 받아 생활에 지장이 생기는 경우를 바로 '외상 후 스트레스성 장애(PTSD)'라고 부른단다. 쉽게 설명하면 우리나라 속담 중 '자라 보고 놀란 가슴, 솥뚜껑 보고 놀란다.'에 비유할 수 있을 듯하구나. 외상 후 스트레스성 장애를 겪을 때면 우리 몸은 잔뜩 긴장하게 된단다. 다시 그런 일이 일어날 확률이 높지 않음에도 불구하고 말이야.

트라우마를 일으키는 상황은 내 주변에서 일어난 작은 일부터 국가나 시대 환경에 따른 큰 폭력까지 다양해. 그래서 딱 이런 방법으로 해결할 수 있다고 못 박긴 어렵단다. 옆에서 할 수 있는 일은 상처가 번지지 않도록 주변을 정리하고 약을 처방하는 것이지. 정말 놀라운 건, 인간의 마음은 스스로를 지켜 내고 상처를 치유하려는 힘을 가지고 있다는 거야. 심리상담가는 그들이 얼마나 상처를 입었는지, 그래서 어떤 슬픔을 느꼈고, 얼마나 자주 괴로운지에 대해 이야기하도록 돕는단다. 이를 통해 자신의 상황에 대한 이해를 충분히 하고, 다시 일상생활로 돌아갈 수 있도록 내면의 힘을 끌어내도록 돕고 있지.

상처를 뜻하는 영어 단어는 SCAR인데, 거기서 한 글자만 바꾸면 빛나는 별을 뜻하는 STAR가 돼. 상처는 흉터를 남기지만, 어떤 흉터는 인생의 훈장이 되지. 상처는 고통스러운 것이지만, 그 상처에 우리가 어떻게 대처하느냐에 따라 우리 삶은 크게 달라진다는 점을 꼭 기억해 주길 바란다.

트라우마 치료센터

격동의 근현대사를 보낸 우리나라는 국가 전체가 겪은 트라우마가 상당하다. 특히 권력에 의해 피해를 입은 사람들의 트라우마는 시간이 흘러도 쉽게 치유되지 못한다. 2018년 3월, 국립정신건강센터는 국가 트라우마센터를 열었다. 대규모 재난 발생 시 국가 차원의 트라우마 심리 지원 체계 마련을 위해서이다. 세월호 참사, 메르스 유행, 포항 지진 등의 대형 재난을 겪으면서 '피해자와 국민의 심리 지원에 국가가 더 적극적으로 나서야 한다.'는 주장이 커진 데 따른 것이다.

2019년에는 한 발 더 나아가 '국립트라우마센터'를 광주광역시에 설립하기로 결정하였다. 국가 폭력 피해자를 치유하는 국립트라우마센터는 세계 70여 개국에서 130곳 넘게 운영 중이지만, 국내에는 전무했다. 국가 폭력은 개인의 문제가 아니라 이제 사회의 문제로, 국가가 그 치유 책임을 져야 한다는 의도에서 결정된 것이다.

학교에서는 Wee센터를 통해서 전문적인 상담 지원을 받을 수 있다. Wee프로젝트 기관은 초·중·고등학교에 소속된 학생이라면 누구나 이용 가능하다. 학교에 설치된 Wee클래스는 학생 또는 학부모가 직접 신청하거나 담임교사를 통한 의뢰가 가능하고, 지역 교육청 관할의 Wee센터, Wee스쿨, 가정형 Wee센터는 학생 또는 학부모가 센터에 전화 또는 직접 방문하여 신청 가능하다. 학교 차원에서는 Wee클래스 담당자, 담임선생님, 유관기관 등을 통해 의뢰가 가능하다.

그 외의 대표적 상담 전문 기관으로는 한국청소년상담복지개발원(www.kyci.or.kr)이 있다. 한국청소년상담복지개발원은 여성가족부 산하 공공기관으로 전국 400여

개의 청소년상담복지센터와 학교밖청소년지원센터(청소년지원센터 꿈드림)를 총괄하고 있다. 청소년의 건강한 성장과 밝은 미래를 위해 다양한 상담복지사업을 수행하고 있다. 특히 학교 밖 청소년, 미디어 중독 청소년 등 위기 청소년 지원과 함께 청소년 정책연구 및 프로그램 개발, 상담복지 전문인력 양성 등 다양한 사업을 수행하고 있다. 제도권 안에 있지 않은 청소년이 직접적인 도움을 얻을 수 있어, 현장 교사들이 알고 있으면 큰 도움이 된다. 도움을 주고 싶은데 방법을 몰라 막막한 경우라면 한국청소년상담복지개발원 산하에서 연결하고 관리하는 청소년상담복지센터(전국 229개)나 청소년지원센터 꿈드림(211개)에 도움을 요청해 볼 수 있다.

학생과 청소년을 지원하고 도우려는 사회안전망이 더욱 촘촘해지고 있는 추세이다. 이것을 완성시키는 것은 사용자인 아동 청소년과 연결자인 보호자, 교사의 역할일 것이다.

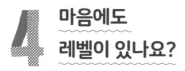

마음에도 레벨이 있나요?

생강 선생님께.

제가 좋아하는 것 중 하나가 휴대전화 게임이에요. 게임에서 레벨업 하는 순간은 정말 짜릿하죠. 레벨을 하나하나 깨 나가다 보면 뭔가 동기가 생기고 자꾸 하고 싶거든요. 처음에는 쉬운 레벨이 좋은데, 나중에는 어려우면 어려울수록 더 재미있는 것 같아요.

문득 학교 공부나 친구 관계도 게임처럼 이루어져 있으면 얼마나 좋을까 하는 생각이 들더라고요. 그럼 포기하지 않고 끝까지 도전할 텐데 말이죠.

도윤이에게 세상의 모든 일이 게임처럼 도전의식을 북돋고 재미있기를 선생님도 바란단다. 그런데 사람의 마음에도 레벨이 있는

거 아니? 이것을 연구한 것이 '발달심리학'인데, 발달심리학은 사람의
신체, 성격, 사고방식, 감정, 행동, 대인관계 및 각각의 인생의 시기에
우리가 수행하는 역할에서의 변화를 연구하는 학문이야. 발달심리학의
대표적인 학자는 스위스의 심리학자 장 피아제(Jean Piaget)야. 그 외에
도 많은 학자들이 저마다 사람의 발달단계를 연구했단다.

발달단계가 상징하는 것은 크게 두 가지야. 하나는 사람은 일정한
단계를 순차적으로 거치는데, 앞 단계를 거쳐야 그다음 단계가 발달한
다고 보는 거야. 그리고 다른 하나는, 사람은 여러 가지 조건을 동시에
충족시키려고 노력한다고 보는 거야. 그중에서 단계를 순차적으로 거
친다고 하는 경우를 이야기해 보자.

심리학자 에릭 에릭슨(Eric Ericson)은 사람의 심리 발달단계를 총 8단
계로 나누었어. 그걸 '심리사회적 발달단계'라고 부른단다. 각 단계는
'라이프 스테이지(life stage)'라고 부르는데, 마치 게임 같구나. 그럼 도
윤이는 지금 어떤 스테이지인지 생각해 보며 이야기해 보자.

● 1단계 : 신뢰 vs 불신 단계
세상에 태어난 아기는 이 세상이 살 만하고 믿을 만한 곳인지 판단
하게 된단다. 아기는 불편함이 생겼을 때(배가 고프거나, 똥을 싸거나, 졸
릴 때 등) 어떻게 하지? 으아앙 하고 울음을 터뜨리지? 그때 엄마가 바
로 와서 불편함을 해소시켜 주면 세상은 살 만하다고 느끼지. 그 반대
의 경우에는 다른 생각을 하고.

에릭슨은 이 시기를 만족스럽게 보낸 아이는 세상에 대한 희망을 갖게 되고, 낙관적이고 적극적인 성격을 갖게 된다고 이야기했어.

● 2단계 : 자율성 vs 수치심 단계

누워만 있던 아기는 점점 뒤집고 기다가 걷게 된단다. 그뿐 아니라 물건을 잡고 던지는 등 점점 몸의 기능이 좋아진단다. 그러면서 뭐든지 할 수 있다는 생각을 갖게 되지. 하지만 무엇이든 마음대로 할 수 있는 건 아니야. 던져도 되는 물건이 있고, 던지면 안 되는 것이 있으니까. 그래서 자기를 통제하는 법을 배워야 하지. 이것이 이 단계의 미션인데, 가장 대표적인 것이 배변 훈련이란다.

이 단계를 잘 거친 아이들은 의지를 가진 사회의 구성원이 된다고 에릭슨은 이야기했어.

● 3단계 : 주도성 vs 죄의식 단계

에릭슨은 이 단계의 아이는 무엇을 만들어 내는 행동을 좋아한다고 말했어. 즉 목표를 정하고, 그걸 해내려고 노력하지. 하지만 사회에서 금지한 것도 만나게 되는데, 이때 자기가 마주친 실패를 다루는 방법도 배우게 된단다. 주도적으로 무언가를 하려다 보면 고집스런 모습을 보이기도 하는데, 흔히 어른들은 이것을 '미운 일곱 살'이라고 짓궂게 부르기도 한단다.

● 4단계 : 근면 vs 열등감 단계

아이는 이 단계에서 새로운 기술을 배우게 된단다. 글쓰기, 수학 문제 풀기, 외국어 공부, 악기 연주하기, 그림 그리기, 체육활동 등을 배운단다. 아주 익숙한 것들이지? 그래, 이 단계의 아이는 학교에 다니고 있어. 아이는 자신이 배운 기술을 잘 사용하게 되면 '나는 유능하다.'라는 생각을 갖게 되지만, 반대의 경우엔 '나는 열등하다(모자르다).'라는 생각을 갖게 돼.

● 5단계 : 자아정체감 vs 역할 혼미 단계

이 시기를 한마디로 표현하면 '나는 누구인가?'란다. 게임 화면에 이 문장이 크게 떠 있어. 어떻게 해야 하지? 이번 단계의 미션은 이 질문에 대한 답을 찾는 거야. 이때는 신체적·정신적으로 급격하게 성장하는데, 그에 따라 주변의 기대와 요구도 커지지. 이 단계에서 내리는 결정은 인생을 살아가는 데 아주 중요한 결정이기 때문에, 쉽게 결정을 내리지 못하고 주저하는 경우도 적지 않아.

● 6단계 : 친밀감 vs 고립감 단계

지금까지 나에게만 관심이 있었다면, 이때부터는 내게 중요하고 의미 있는 다른 사람과의 관계가 시작된단다. 바로 '사랑'을 찾는 거지. 또 이 단계에서 대인관계를 유지하고 발전시키는 방법을 익히게 된단다. 이 단계를 거치면서 사람은 결혼을 하게 된다고 에릭슨은 보았어.

● 7단계 : 생산 vs 정체

앞 단계에서 결혼을 한 사람은 이 단계에서 아이를 낳아 키우게 돼. 생물학적으로 생산이 이루어진 거야. 그렇지 않은 사람들도 사회에서 의미 있는 일을 하게 된단다. 지식을 전달하는 일이나 물건을 만드는 일, 예술활동도 넓은 의미에서 생산에 해당해. 생산을 하면서 사람들은 희생의 가치를 배우고, 사회에 공헌하는 기회를 갖게 된단다.

● 8단계 : 자아 통합 vs 절망 단계

노년기에 접어들면 자신의 인생이 가치 있는 삶이었는가에 대해 스스로 평가하게 된단다. 후회되는 행동도 있을 테고, 한계에 부딪혀 하지 못한 일도 많을 거야. 하지만 그 모든 것을 받아들이고, 그 안에서 의미를 찾을 때 인간은 자아 통합을 이루게 되는데, 그렇지 못한 경우엔 절망하고 말아.

지금 도윤이는 아마 4단계를 지나고 있을 거야. 이 시기를 충분히 잘 지낸다면, 이 스테이지가 끝날 때쯤 '유능감'이라는 아이템을 얻게 될 것 같구나.

교사의 발달단계

인간의 발달단계가 있다면, 교사의 발달단계도 있는 게 아닐까? 교사의 발달단계는 많은 학자들의 연구 주제였다. 교사 발달의 개념은 학자에 따라 다르게 규정되어 왔는데, '교사 사회화', '교직 사회화', '교직 발달', '교사 발달', '교사의 직업적 사회화' 등과 같은 용어 등으로 사용되어 왔다. 용어마다 지향하는 바가 다르지만, 교사 발달은 교직 경험이 쌓여 감에 따라 교육관, 학교관, 학생관의 변화와 더불어 교사의 관심이 달라지는 영역에 대한 의견이다.

그중 버크와 훼슬러, 크리스텐슨(Burke, Fessler&Christensen)이 제시한 교사 발달 사이클을 소개하고자 한다. 이 모델은 8단계로 구분하고 있다.

교직 이전 단계	교사 교육을 받는 시기(교대, 사대 재학 시절)
교직 입문 단계	교사가 학교 현장에서 일상적인 활동에 익숙해져 가는 시기, 임용 후 수년간
능력 구축 단계	교수 기술과 능력을 향상시키기 위해 새로운 교수 자료, 교수 방법 및 수업 전략을 추구하는 시기
열중, 성장 단계	교사들이 높은 능력 수준에 다다른 후에도 계속적으로 전문성을 향상시키기 위해 노력하는 시기
직업적 좌절 단계	교직에 대해 좌절감과 회의를 느끼는 시기, 탈진이나 소진이 발생함.
안정, 침체 단계	교사들이 수월성이나 성장 발달을 추구하기보다 현실 유지에 머무르려고 하는 시기
직업적 쇠퇴 단계	교직을 떠나려고 준비하는 시기
퇴직 단계	교직을 떠나는 시기

이 단계들은 순차적으로 나타나는 것이 아니라, 개인적·조직적으로 어떤 환경에 놓이고 경험을 하느냐에 따라 개인마다 다르게 나타난다. 개인의 긍정적·부정적 사건, 관심사, 개인의 성향 등은 개인적인 환경에 포함되고, 조직적 환경은 학교 규정, 경영 형태, 사회적 기대, 전문단체 등의 요소가 포함된다.

어떤 사람은 이 모든 과정을 순차적이고 직선적으로 거치기도 하지만, 어떤 사람은 위기를 맞아 전문성 신장의 기회를 놓치기도 한다. 김영만(2004)은 「교사 발달단계와 교사의 직무능력 및 직무 만족 간의 관계 연구」에서 이를 다시 4단계로 재구성하기도 했다(조우연, 2012, 재인용). 현직 교사를 대상으로 해서 교직 이전과 퇴직 단계를 삭제했고, 남은 6단계의 구성비를 조사하였더니 연령과 경력에 무관하게 자신이 직업적 좌절, 안정·침체, 직업적 쇠퇴 단계라고 인식하는 비율이 현저하게 낮게 나타나서 이 세 단계를 하나로 통합하여 안일·안주 단계로 구분한 것이다.

2004년의 연구로부터 십여 년이 지난 지금의 교사들은 자신을 어떤 단계로 구분하고 있을까? 한 조사에 따르면 96.5%의 교사가 자신은 감정노동을 하고 있다고 인식했다. 그리고 이에 따른 분노, 우울, 자존감 상실이 심각한 수준에 이르렀다는 응답이 78.1%였다. 교사의 번아웃이 사회적 문제로 인식되고 있는 상황은 교사 발달의 관점에서도 주요한 관심사가 아닐 수 없다.

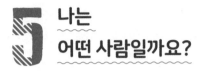

5 나는 어떤 사람일까요?

 생강 선생님께.

오늘 학교에서 심리검사를 했어요. MBTI라는 검사인데, 저는 '호기심 많은 예술가' 유형이 나왔어요. 그런데 심리검사라는 게 저를 정확히 표현해 주는 건가요? 재미있긴 한데, 친구들 중에는 마음에 안 드는 게 나와서 엉터리 검사라고 하는 아이들도 있었어요. 선생님이 알려 주시면 제가 그 친구들 앞에서 아는 척을 할 수 있을 것 같아요. 물론 도움도 주고요!

도윤아, 오늘 네가 한 검사는 'MBTI 성격 유형 검사'라는 거야. 그 이름을 풀이해 보면 정확히 어떤 검사인지 알 수 있지.

M과 B는 이 검사지를 만든 부부인 마이어스(Myers)와 브릭스(Briggs)

의 앞 글자야. TI는 Type Indicator, 즉 '유형을 나눠 주는 검사지'란 뜻이야. 이런 내용이 도윤이가 받은 결과지에 아주 자세히 설명되어 있었을 거야.

이 심리검사는 심리학자 융(Carl Gustav Jung)에게 영향을 받았어. 융은 사람들의 성격을 나눌 수 있는 네 가지 기준을 제시했단다.

첫 번째 기준은 에너지의 방향이야. 심리적인 방향이 외부로 향하는 사람은 외향(E), 내부로 향하는 사람은 내향(I)이라고 앞 글자를 따서 분류했어. 활동적인지, 혼자 있는 걸 즐기는지 같은 문항들이 생각나지 않니?

두 번째 기준은 세상을 인식하는 방법에 대한 거야. 흔히 숲을 보는지, 나무를 보는지에 대한 걸로 표현할 수 있는데, 숲을 보는 경우를 직관(N), 나무를 보는 경우를 감각(S)이라고 했단다.

세 번째 기준은 판단이나 결정을 내리는 것에 대한 거야. 친구가 어려운 부탁을 할 때 크게 두 가지로 나뉜다고 보았어. 한 가지는 그 친구가 얼마나 친한 감정(F)인지를 보는 유형이고, 다른 경우는 그 부탁을 내가 들어주는 것이 좋은지 공정하고 비판적인 판단을 내리려고 하는 사고(T) 유형이란다.

마지막은 어떤 방식으로 생활하는지에 대한 거야. 계획이 짜여진 여행을 좋아하는 사람, 또는 자유로운 여행을 좋아하는 사람이 대표적인 예란다. 조직적이고 짜여진 걸 선호하는 사람을 판단형(J), 상황에 맞추어 유연하게 행동하려는 사람을 인식형(P)이라고 부른단다.

융은 여러 가지 유형 중 어느 것이 더 좋고, 더 나쁘다는 식으로 말하지 않았어. 융이 보기에 이런 것들은 서로 달라서 각자 자신을 잘 이해하는 게 중요하다고 생각한 거지. 또 이 심리검사는 같은 유형이라고 해도 점수가 높기도 하고 낮기도 하기 때문에, 나중에 그 유형대로 된다는 보장도 없단다. 도윤이가 받은 '호기심 많은 예술가'라는 유형은 그걸 쉽게 인식하게 해 주는 별명 정도로 보면 좋겠구나.

선생님이 생각할 때 이 심리검사가 재미있는 점은 바로 '내가 생각하는 나'에 대해서 스스로 답한다는 거야. 다른 심리검사 중에는 심리검사를 하는 사람이 상대에 대해 체크하는 것도 있단다. 또 한 가지 비밀을 알려 주면 MBTI에는 채점되지 않는 0점짜리 문항들도 몇 개 섞여 있단다.

종합심리검사(Full-battery)

학생들을 지도하다 보면 교사의 역량으로는 학생의 현 상황을 이해하는 데 어려움을 겪을 때가 있다. 그런 경우 교육청 유관기관이나 사설기관(소아정신과, 아동상담센터 등)을 통해 학생의 심리검사를 요청하면 좋다. 이때 교사가 검사의 목적과 내용을 아는 것은 이후 지도 계획을 세우는 데 도움이 된다.

교사의 의뢰를 받았을 때 실시하는 검사가 바로 '종합심리검사'이다. 종합심리검사는 일곱 가지 심리검사를 조합하여 가장 풍부하고 포괄적인 정보를 얻을 수 있는 심리 평가이다. 검사자는 인지 기능, 정서 상태, 성격 특징, 대인관계, 핵심 갈등 영역, 심리적 자원 등의 심리적 기능 전반을 종합적으로 탐색하고 평가하게 된다. 필요에 따라서는 다른 검사를 추가하거나 혹은 일부 검사를 누락하는 방식으로 융통성 있게 실시할 수 있다(김춘경 외, 2016).

검사	목적 / 검사 방법	특징
K-WISC-III/K-WAIS (웩슬러 지능검사)	인지 기능 및 전반적 적응 능력/상담자와 내담자가 일대일로 집중적인 검사를 실시하는 개인용 지능 검사	전반적인 지능 수준(IQ), 인지 능력 및 효율성, 인지적 활동의 특징, 현재의 기능 상태 등을 면밀히 평가하며, 세부적인 인지 기능의 강점과 약점을 파악
MMPI-2/MMPI-A (다면적 인성검사 II/다면적 인성검사-청소년용)	정서 상태 및 성격 특징/내담자가 문항을 읽고 응답하는 자기보고식 성격 검사	현재의 정서 상태, 전반적인 성격 특징, 심리적 갈등 영역 등을 평가
TCI (기질 및 성격검사)	기질 특성, 성격 특성 및 성격 성숙도/내담자가 문항을 읽고 응답하는 자기보고식 성격 검사	선천적 특성인 기질 유형과 후천적 특성인 성격 유형을 종합하고, 성격의 성숙도를 평가. 만 3세 이상의 모든 연령대에서 실시할 수 있는 검사군으로 구성

Rorschach (로르샤하 검사)	정서 상태, 정서 조절 능력, 대인 관계 및 갈등 영역/상담자와 내담자가 일대일로 실시하는 투사적 성격 검사	모호한 자극에 대한 반응을 분석하여, 표면적으로 드러나는 문제뿐만 아니라 표면적으로 드러나지 않는 문제까지 평가
HTP/KFD (집–나무–사람 검사/가족화 검사)	성격 특징 및 정서 상태 평가/상담자와 내담자가 일대일로 실시하는 그림 검사	그림으로 나타난 다양한 반응을 분석하여, 성격 특징과 정서 상태 및 가족 관계를 평가
SCT (문장 완성 검사)	정서 상태, 대인관계, 갈등 영역 평가/미완성 문장을 내담자가 직접 완성하는 방식의 글짓기 검사	제시된 자극에 대한 반응을 분석하여, 다양한 갈등 영역 및 이에 대한 태도를 평가
BGT (벤더–게슈탈트 검사)	신경심리학적 문제의 변별 및 평가/상담자가 제시한 도형을 모사한 반응을 분석	신경심리학적 문제 및 정신–운동 협응 능력을 평가

종합검사인 만큼 약 4시간 이상이 소요되며, 심층적인 임상면접이 포함된다. 문제의 특성과 필요에 따라 추가적인 검사가 포함되기도 한다. 자료의 분석과 종합이 필요하므로, 약 일주일 후에 평가 보고서를 받아볼 수 있다. 관찰로만 알 수 없었던 학생의 심리적 특성에 대해 전문가의 도움을 받는 일은 터부시될 일이 아니다. 필요하다면 언제든 머리를 맞대고 공동의 목표를 달성하기 위해 노력해야 한다.

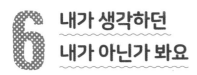

6 내가 생각하던
내가 아닌가 봐요

 생강 선생님께.

오늘 조금 황당한 일이 있었어요. 저랑 같은 모둠에 있는 친구인데, 자기 스스로 아주 똑똑하다고 생각하는 친구예요. 솔직히 그 모습이 좀 얄밉기도 하지만, 똑똑한 것도 사실이라 다들 그 친구를 인정하고 있어요. 그런데 사람이 모든 것을 다 잘할 순 없잖아요. 오늘 딱 그런 상황이었어요.

담임선생님이 조별로 해결해 보라면서 문제를 내주셨어요. 저희 모둠 애들은 문제를 다 풀었는데, 그 친구만 전혀 못 푼 거예요. 그러자 갑자기 화를 내면서 문제가 이상하단 식으로 나오는 거 있죠. 그래서 화가 난 다른 친구가 "우린 이 문제 괜찮은 것 같은데? 네가 못 풀어서 그렇게 말하는 거 아니냐?"라고 하다가 서로 싸울 뻔했어요. 도대체 그 친구는 왜 그럴까요?

도윤이 이야기를 듣고 나서 딱 떠오르는 심리학 실험이 있구나. 바로 레온 페스팅거(Leon Festinger)의 실험이란다. 레온 페스팅거가 그 실험을 하게 된 계기가 있었어(강준만, 2014). 그는 신문에서 외계인을 믿는 종교 집단에 대한 기사를 보았어.

그 종교 집단의 교주는 자신이 계시를 받았다면서, 홍수가 일어날 건데 오직 자신을 믿은 신도들만 외계인에 의해 살아날 거라고 말했다는군. 그때부터 사람들은 그에게 전 재산을 바치고 기도를 하는 등 종말을 대비했지. 하지만 교주가 말한 운명의 날이 되어도 아무 일도 일어나지 않았어. 사람들이 혼란에 빠져 있는데, 교주가 사람들을 모아 놓고는 여러분의 기도 덕분에 세상이 멸망하지 않았다고 말했다는 거야. 사람들은 어땠을까? 속았다고 생각했을까? 그들은 기뻐하면서 그 교주를 더 믿었다고 하는구나.

이 기사를 본 페스팅거는 기발한 실험을 계획해 냈어. 스탠포드 대학교에서 중요한 심리 실험을 한다고 모집 공고를 낸 거야. 참여한 사람들을 두 그룹으로 나누고, 사람들에게 지루함을 느낄 만큼 단순 반복 작업을 시켰지. 그러고 난 뒤에 사람들에게 부탁을 한 거야.

"다음 검사를 실시할 직원이 오지 않았는데, 보조 작업자로 도와줄 수 있겠는가? 내용은 간단하다. 다음 실험자에게 이 단순 작업을 설명하면서 "이 작업은 재미있다."고 말해 주면 되는 것이다. 물론 보수는 주겠다."

사람들은 이 작업을 재미있어 하지 않았지만 거짓말을 시킨 거지. 그러고 난 뒤에 한 그룹은 1달러, 다른 그룹에는 20달러를 준 거야. 여기까지가 실험의 설계였고, 진짜 궁금한 건 따로 있었어.

실험이 끝나고 난 뒤 사람들에게 실제로 그 작업이 재미있었는지, 이 실험이 중요해 보이는지, 의미 있는 행동이었는지를 물어봤어. 결과가 어땠을 거 같니? 1달러를 받은 사람들이, 20달러를 받은 사람들보다 더 이 작업이 재미있고 의미도 있을 거라고 말한 거야.

페스팅거는 그걸 이렇게 해석했단다. 적은 돈을 받고 작업이 재미있었다고 거짓말한 사람들이 실제로 그 작업이 재미있었다고 자기 생각을 바꿔 버렸다는 거야. 오늘 네 친구가 딱 그 상황에 놓인 것 같구나. 그 친구의 생각을 풀어 보면 이런 거 아닐까?

나는 똑똑해서 문제를 잘 풀어야 한다.
모둠에서 나만 문제를 못 풀었다.
그건 문제가 이상해서 그렇다.

『이솝 우화』에도 비슷한 이야기가 나오지. 여우는 나무에 달린 포도를 먹고 싶지만 나무가 너무 높아서 먹을 수가 없었어. 그래서 여우는 "저 포도는 너무 시어서 맛이 없을 거야."라고 하면서 떠나지. 자신이 상황을 변화시키기 못하자 자기 생각을 바꾸어 버렸다는 말이 이제 좀 이해가 되지 않니?

자기불일치 이론(Self-discrepancy theory)

자기불일치 이론은 1987년 에드워드 토리 히긴스(Edward Tory Higgins)에 의해
제안되었다. 자신이 보는 자기에 대한 관점과 타인이 보는 자기에 대한 관점이 따로
존재하고, 그것이 실제적 자기와 일치하는지가 중요하다는 것이 핵심적인 내용이다.

실제적(actual) 자기	현재 나 자신에 대한 실제적 표상
이상적(ideal) 자기	되고자 하는 표상
당위적(ought) 자기	되어야 한다고 믿는 자신에 대한 표상

용어는 낯설지만 아주 익숙한 이론이다. 학교에 처음 입학한 아동은 흔히 자기불일
치를 겪는다. 평소 집에서는 부모님으로부터 "우리 아들이 제일 똑똑해요!" "어떻게
이런 생각을 했지? 정말 최고야!"와 같은 찬사를 받는 경우가 많은데, 학교에 들어와
보니 나보다 더 뛰어난 아이가 주변에 있기 때문이다. 그것도 한두 명이 아니라 엄청
나게 많다. 우리 반만 그런 줄 알았더니, 이런 반이 몇 개씩이나 된다는 것에 아동이
혼란을 겪게 만든다. 이걸 자기불일치 이론에 맞추어 생각하면 이렇게 볼 수 있다.

- 실제적 자기 : 평범한 초등학교 1학년 학생
- 이상적 자기 : 반에서 가장 뛰어나고 멋진 학생

이런 자기불일치 때문에 심리적인 부적응을 겪는 아이들이 있다. 이뿐 아니라 진로
를 결정하는 모습에서도 찾아볼 수 있다. 미술을 좋아하는 아이가 있다고 해 보자. 그
아이의 이상적 자기는 훌륭한 화가가 되는 것이다. 하지만 당위적 자기는 다를 수 있

다. 만약 부모님이 의사 같은 전문직이 되길 바라는 마음이 있다면 곤란한 일이 시작된다.

- 실제적 자기 : 미술을 좋아함.
- 이상적 자기 : 훌륭한 화가가 되는 것.
- 당위적 자기 : 의사가 되어 부모님을 만족시키는 것.

이런 자기불일치가 마냥 나쁜 것만은 아니다. 이상적 자기와 실제적 자기의 차이를 메우기 위해 노력하게 되기 때문이다. 다만 이상적 자기가 실현 가능한 것이어야 한다. 그렇지 않으면 자신에게 실망하게 되고, 불만을 가질 수밖에 없다.

자기불일치 이론은 학부모 상담 때도 유용하다. 부모님과의 상담을 통해 학생이 가지고 있을 당위적 자기에 대한 힌트를 얻을 수 있고, 학생이 가지고 있는 현재의 불일치에 대해 이야기를 나눌 수 있기 때문이다. 또 그 자리에서 좀 더 현실적인 목표로 이상적·당위적 자기를 변경하기로 계획을 세울 수 있기 때문이다.

7 이 일은 왜 일어났나요?
무엇을 위해 일어났나요?

 생강 선생님께.

오늘 진짜 창피했어요. 제가 특이한 행동을 한 게 사람들한테 걸렸거든요. 진짜 창피해서 선생님한테도 뭔지는 말씀 드릴 수 없어요. 다만 사람들 반응만 말씀 드릴게요 .

"혹시 집에서 누가 저렇게 하는 거 보고 따라하는 거 아니야?"

"내가 잘 아는데, 동생이 있으면 저렇게 행동하더라고. 동생들은 안 그래."

"아직 덜 커서 그래. 조금 더 크면 저런 거 안 할걸?"

"남자라 그래. 남자들은 왜 그러냐?"

사람들이 제가 그 행동을 한 이유를 정확히 찾아내지는 못했지만,

그들의 의견이 일리는 있어 보였어요. 그런데 솔직히 기분은 나쁜 거예요. 그나저나 제가 왜 그런 행동을 했을까요? 그리고 사람들은 저에 대해 왜 그렇게 말했나요? 저는 왜 기분이 나쁘죠?

도윤아, 이건 암호를 푸는 기분이구나. 네가 한 행동은 모른 채, 행동에 대한 반응만을 보고 문제를 풀어야 하니 말이야. 그래도 한 번 열심히 해 봐야겠지? 심리상담이라는 게 이런 거야. 심리상담을 받으러 오는 사람 중의 대부분은 자기가 처한 문제가 정확히 무엇인지 모르는 경우가 많거든.

네가 한 행동을 모르니 선생님이 생각하는 아무 일이나 말해 보마. 감기에 걸려서 병원에 간 걸로 해 둘게. 감기에 걸린 사람은 왜 감기에 걸렸을까? 이불을 걷어차서? 감기에 걸린 아빠랑 김치찌개를 같이 먹어서? 손을 안 씻어서? 아님 남극에 펭귄을 보러 다녀왔나? 이유는 정말 많을 거야. 사람의 숫자만큼 원인은 많겠지.

"왜 그렇게 된 거야?"라고 사람들이 물을 때는 두 가지 의미가 있는데, 그중 하나가 바로 위에서 말한 '원인'에 대한 거야. 즉 "어떤 원인으로 그렇게 된 거야?"라는 말인데, 이 말만으로는 뭔가 좀 빠진 게 있는 것 같지? 빠진 게 바로 두 번째 의미인 '목적'이란다. "무슨 목적으로 그렇게 한 거지?"라는 말이 빠졌지.

감기에 걸린 사람들의 원인은 다 다르지만, 병원에 찾아온 목적은 거의 대부분 같단다. 병을 진단받고 치료하기 위해서지. 병원엔 왔지만 치료는 받지 않을 거란 사람은 정말 흔치 않아. 그런 사람들은 애초에 병원에 오질 않지.

원인과 목적은 비슷한 것 같지만 몇 가지 점에서 달라. 원인은 과거에 있고, 목적은 미래에 있지. 도윤이에 대해 추측한 사람들은 대부분 원인을 찾으려고 그런 것 같더구나. 어떠한 원인 때문에 이 일이 일어날 수밖에 없었다고 보는 것 같아. 그러나 그만큼이나 의미 있는 건 네 행동의 목적을 찾아보는 거야.

도윤이 행동의 목적은 무엇이었을까? 선생님은 행동 자체를 모르니까 어떤 것이었다고 추측조차 하기 어렵구나. 네가 좀 더 이야기해 준다면 함께 목적을 찾아볼 텐데 말이야.

선생님, 다른 사람들이 원인만 생각한다고 하신 점에 동의해요. 그런데 그게 제가 기분이 나쁜 것과는 어떻게 연결이 되나요? 목적도 궁금하고요. 그래서 제가 무슨 행동을 했는지 말씀 드릴게요.

제 행동은 사람들이 많은 곳에서 막춤을 춘 거였어요. 처음엔 그렇게까지 하고 싶었던 건 아니에요. 친구들과 있다가 한번 춤을 춰 보라 그래서 살짝 맛만 보여 주려고 했는데, 지나가던 사람들이 모여드는 거예요. 그래서 멈출 수가 없더라고요. 그런데 아는 춤도 떨어졌고 그래서, 아무렇지 않은 척하면서 막춤을 춰 버렸어요. 당연히 친구들은 처음엔 놀라다가 나중엔 자기들도 부끄러워하더라고요. 그래서 저는 춤이 끝나자마자 너무 창피해서 막 도망쳐 버렸어요.

다시 떠올리는 것만으로도 얼굴이 화끈거리네요. 그럼 제 행동의 목적은 무엇일까요? 무슨 목적으로 막춤을 췄을까요?

선생님이 도윤이 이야기를 들으면서 몇 가지 힌트를 찾았어. 그건 네 행동에 대한 사람들의 반응이야. 친구들이 처음에는 놀랐다가 나중에 부끄러워했다는 대목에서 생각한 건데, 사람들의 반응이 처음에는 싫지 않은 것이었는데, 나중에는 부끄러워한 것이 싫었던 것 같구나. 그러니까 춤을 추다가 사람들이 모이는 게 처음에는 싫지 않았던 것처럼 보여. 그렇다면 도윤이는 사람들 앞에서 네가 가진 능력을 보여 주고 싶었던 건 아닐까? 거기에다가 주목도 받고 싶었고. 그런데 네게 춤을 춰 보라고 부추긴 친구들이 부끄러워하는 반응을 보이자 급속도로 자신감이 떨어진 것처럼 보여. 마지막에 도망쳤을 때의 네 목적은 '창피함을 당하지 않을 곳으로 도망쳐 가는 것'이지 않았을까?

선생님이 원인과 목적을 설명한 건, 목적을 알아차리는 것이 아주 유익하기 때문이야. 목적을 알아차린다는 건 앞으로 어떻게 행동할지에 대해 스스로 계획을 세울 수 있다는 거야.

만약 선생님이 추측한 너의 목적, 즉 능력을 보여 주목받기가 맞다면 그런 자리를 만들어 볼 수 있지 않을까? 학교 장기자랑 시간을 대비해서 연습을 미리 한다든지, 콘테스트에 나간다든지, 영상을 찍어서 인터넷에 올려 본다든지 하는 것 말이야. 충분히 긍정적으로 보일 수 있는 방법이 많을 것 같아. 이렇게 다양한 방법을 생각할 수 있는 건 목적을 뚜렷이 알았기 때문이거든. 어때? 선생님 추측이 맞는 것 같니?

선생님 말씀이 맞는 거 같아요. 사람들이 모여서 제 춤을 보고 있을 때 기분이 정말 특별했어요. 그런데 춤은요, 아직 자신이 없어서요. 돌아오는 학예회 때 학급 친구들이랑 같이 무대에 올라가는데, 거기서 정말 열심히 해 볼게요. 저의 유능함을 뽐내서 주목받는 시간이 되게 열심히 할 거예요.

수프에 침 뱉기(spitting in the client's soup)

A : 저 피아노 그만하고 싶어요.

B : 그래, 그럼. 피아노 그만두려무나. 너는 선택할 수 있는 권리가 있어.

A : 그래도 이렇게 오랫동안 해 왔는데, 그만두라고요?

B : 음, 내가 보기엔 '그래도 피아노를 그만두면 안 되지.'라는 말을 듣고 싶은 것 같아. 그러다가 결과가 좋지 않으면 다른 사람 탓을 하고 싶어 하는 것 같은데, 맞니?

A는 어떤 대답을 했을까? 아마도 자신의 속마음이 들킨 것 같아 흠칫 놀랐을 것이 분명하다. 이 대화법은 아들러 심리학의 상담기법 중 하나인 '수프에 침 뱉기'이다.

이 같은 혁신적인 기법은 상담자가 내담자의 행동 뒤의 목적과 의도를 드러냄으로써 더 이상 그 행동을 하지 못하게 하는 방법이다(김춘경 외, 2016). 잘 먹던 수프에 다른 사람이 침을 뱉으면 어떻게 될까? 그 수프를 더 이상 먹기는 어려울 것이다. 적어도 편하게 먹지는 못할 것이다. 이 기법은 행동의 감추어진 목적을 내담자에게 명확하게 보여 주면, 내담자는 그 행동을 계속할 수는 있지만 더 이상 이전처럼 편하게 할 수는 없을 것임을 보여 준다. 다음의 사례도 살펴보자.

편식이 심한 철수는 급식을 대부분 남겼다. 선생님은 철수를 불러 무슨 일인지 물었다. 철수는 자기의 사정을 말하는 대신 다른 친구의 잘못을 일러바쳤다.

"영희도 다 남기고 갔어요."

철수를 바라보던 선생님은 철수에게 말했다.

"철수야, 네가 만약 지금 급식 때문에 걸리지 않았다면, 영희의 잘못을 선생님에게 이야기했을까?"

철수는 대답 대신 당황한 표정을 지었다.

이 대화는 이번이 아니라 다음에 효과를 드러낼 것이다. 적어도 철수는 다음에는 자신의 행동의 정당성을 위해 다른 학생의 핑계를 대긴 어려울 것이기 때문이다.

이 기법을 사용하려면 상담자가 내담자에게 불쾌한 행위를 할 수 있어야 한다. 그러나 한편으로는 상담자가 냉소적이거나 무관심하다는 말을 듣지 않도록 유념해야 한다. 또한, 특히 자신에 대해 부정적인 관점을 지닌 내담자에게는 사용하지 않는 것이 좋다.

8 내가 기억하는 가장 오래된 일

 도윤이에게.

오늘 문득 어릴 적 재미있는 기억이 떠올랐어. 아마도 여섯 살쯤이었을 거야. 그때 우리 동네에 동갑의 친구가 있었는데, 우리는 날마다 같이 놀았지. 하루는 친구랑 잡기 놀이를 하다가 뒤쫓아가면서 내 손가락이 그 친구의 집 대문에 낀 거야. 그 장면이 어찌나 생생한지 손가락이 빨개지고 눈물을 펑펑 흘렸던 기억이 난단다.

이런 걸 '초기기억'이라고 부르는데, 누군가에게 들은 이야기가 아니고 스스로 기억하는 것 중에서 가장 오래된 기억들을 뜻해. 그즈음에 이것 말고도 여러 가지 초기기억이 있단다.

선생님 걸로만 하면 재미가 없으니까, 도윤이의 초기기억도 함께 떠올려 보고 이야기해 보자. 가장 오래된 기억을 떠올려 보고, 그때를 한 장의 사진으로 찍는다면 어떤 장면일 거 같은지, 그때의 감정과 생각을 적어 보지 않을래? 그렇다면 초기기억의 비밀에 대해 이야기해 주마.

선생님, 가장 오래된 기억을 떠올려 봤더니 아빠랑 치과에 다녀온 게 생각이 나요. 겨울이었고, 나이는 대여섯 살이었던 거 같아요. 치과에 처음 간 건 아닌데, 그날은 뭔가 엄청난 걸 하느라 마취도 하고 한참 동안 입을 벌리고 누워 있어야 했어요. 의사 선생님이 마취가 풀리면 그땐 지금보다 조금 얼얼할 거라고 하셨어요. 아직 얼얼한 볼을 손으로 만져 보는데 꼬집어도 아프지 않으니까 이상했어요. 치과를 나와서 아빠가 귤 한 봉지와 호빵을 사 주셨어요. 그런데 치과를 다녀와서 당장 먹을 수가 없잖아요. 그래서 집에 올 때까지 소중하게 안고 오느라고 이가 아픈지 마취가 풀렸는지 잊어버렸어요.

그때의 한 장면을 사진으로 찍으라면 한 손은 아빠 손을 잡고, 다른 손은 귤과 호빵이 담긴 봉지를 든 장면이에요. 그날 아빠의 손이 참 따뜻했던 것 같아서 기억에 남아요.

정말 따뜻한 느낌이 드는 기억이구나. 읽는 내내 기분이 좋았단다. 그럼 초기기억의 비밀에 대해 이야기해 볼까?

초기기억은 심리학자 아들러에 의해서 사용된 방법이야. 아들러는 다음과 같은 의문을 가졌어.

"왜 수많은 기억 중에서 그 기억만이 떠올랐을까?"

"시간이 지나면서 초기기억은 늘 똑같을까? 아니면 그때마다 다른 기억이 떠오를까?"

"그 기억이 정말 가장 오래된 것일까? 아니면 지금의 내가 선택한 것이 그 기억일까?"

자신의 의문에 답을 찾다가 아들러는 지금 현재의 상황이 그 기억을 선택했다고 생각했단다.

선생님의 경우에는 시간이 지나면서 초기기억이 바뀌었단다. 처음 초기기억에 대해 배웠을 때 떠올린 기억이 네게 말해 준 것이라면, 십 년쯤 지난 후에는 그 기억의 다음 장면이 떠오르더구나. 친구와 친구 엄마가 달려와서 손을 잡아 주던 기억이지. 잡기 놀이를 하면서 먼저 도망친 친구는 누구보다 먼저 달려왔고, 미안한 표정으로 나를 바라보았어. 친구 엄마는 피가 나지는 않는지 살펴보시느라 여념이 없었지.

선생님의 상황 중에서 어떤 것이 바뀌어서 뒤의 기억이 떠올랐을까? 그땐 선생님도 친구도 취직해서 경쟁을 마친 상황이었어. 어릴 적부터 그 친구는 친구이면서도 경쟁과 비교의 대상이었지. 마음 한편에 가장 친한 친구와도 경쟁하는 마음을 가지고 있었던 것은 아닐까 하는 게 선생님의 생각이야. 그런데 경쟁이 끝난 지금에 와서는 친구와 친구 엄마의 모습이 떠오르더구나.

도윤이의 경우도 다시 한번 떠올려 보렴. 기억 속의 도윤이는 선생님이 보기에 아주 용기 있는 모습이구나. 치과 치료가 무서웠을 텐데도 울었다거나 아팠다는 이야기는 없잖니. 오히려 그 안에는 너를 지탱해 주는 아빠라는 존재가 등장하는구나. 아빠가 아니라 귤과 호빵인가? 하하하. 다른 기억들도 떠올려 봐야겠지만, 지금 도윤이에게 가장 중요한 사람은 바로 가족이라고 느끼고 있는 건 아닐까.

초기기억

초기기억은 생후 6개월부터 8세에 경험한 사건에 대한 선별된 기억이다. 초기기억은 아들러 심리학에서 내담자의 생활양식을 알게 해 줄 강력한 도구로 사용한다.

인간은 수많은 일화를 겪으며 성장한다. 엄청나게 많은 소재가 쌓여 있는 셈이다. 그런데 왜 그 기억을 선택했을까? 아들러 심리학이 집중한 부분은 그것이다. 아들러는 두 가지 이유에서 초기기억을 주목할 가치가 있다고 말했다.

우선 그 속에는 개인과 상황에 대한 근본적인 견해가 함축되어 있다. 그 일은 모든 상황에 대한 최초의 결산이며, 자신에게 주어졌던 모든 요소에 대한 최초의 완전한 상징이다. 다음으로 초기기억은 그의 주관적인 출발점이며, 자기 자신을 묘사한 최초의 자서전의 시초라는 점이다.

개인이 최초의 기억이라고 생각하는 것이 실제로 그러했는지 혹은 심지어 현실의 사건에 대한 기억인지 아닌지는 전혀 문제가 되지 않는다. 기억이 중요한 이유는 그 해석과 현재 및 미래의 인생에 대해 갖고 있는 관계 때문이다. 어떤 사람이 인생에 부여하는 의미가 발견되고, 이해되는 일은 그의 전 인격을 아는 열쇠가 된다(Adler, 2014).

물론 교사는 전문상담가가 아니기 때문에 초기기억을 통해서 아동의 생활양식을 파악하는 것이 불완전할 수 있다. 하지만 학생 상담을 위한 시작점으로 활용할 수 있다.

"당신의 어린 시절부터 가장 초기의 기억들을 생각해 보고 말해 주세요."
"그중에서 가장 확실하게 생각나는 것은 무엇입니까?"

"그것을 생각하니 지금 기분이 어떻습니까?"

이 질문들을 던지거나 활동지로 만들어서 개인 상담에서 이야기를 나눠 볼 수 있다. 저학년의 경우엔 그림 그리기로 표현하도록 할 수도 있다.

아들러가 상담했던 아동 중 야뇨증이 있으며, 어머니와 말다툼을 자주하는 아동이 있었다. 그 소년은 자신의 초기기억을 이렇게 말했다.

"엄마는 내가 없어진 줄 알고 큰 소리로 부르며 거리로 뛰쳐나갔어요. 사실 저는 집 안에 숨어 있었는데 말이에요."

아들러는 이 소년의 생각을 이렇게 판단할 수 있다고 했다.

'인생이란 다른 사람을 곤란하게 만듦으로써 주의를 끄는 것이다. 안전을 획득하는 방법은 남을 속이는 방법이다. 나는 그다지 주목받고 있지 않지만, 다른 사람을 바보로 만들 수는 있다.'

9 착한 아이가
된다는 것

 생강 선생님께.

오늘 급식실에서 심하게 소란을 피우는 아이가 있었어요. 1학년이었는데, 그 모습을 보고 한 선생님이 다가가셨어요. 저는 '너 이제 혼났다!'라고 생각했죠. 그런데 선생님께서 그 아이에게 "착한 어린이는 어떻게 행동해야 하죠?"라고 묻자 그 아이가 소란 피우는 걸 멈췄어요.

저도 어릴 때부터 착한 어린이가 되어야 한다는 말을 많이 들었던 것 같은데, 지금은 어떤 행동을 할 때 착한 어린이가 되어서 칭찬받아야겠다는 생각보다는 그냥 규칙이니까 지켜야 된다는 생각이 더 커요. 규칙은 모두가 함께 지키려고 만든 거니까요. 그럼에도 '착한 아이'가 되는 게 중요할까요?

도윤아, 마지막 네 물음에 먼저 답하면, 그렇기도 하고 아니기도 하단다. 무슨 소리냐고? 선생님이 해 주는 심리학 이야기를 들으면 둘 다 맞다는 걸 알게 될 거야. 선생님은 어릴 적에 떼를 쓰거나 못된 행동을 할 때면 어른들로부터 이런 말을 많이 들었어.

"호랑이가 물어 간다."
"망태 할아버지가 잡아 간다."
"이놈아저씨한테 혼난다."
"경찰차가 온다."

공통점은 벌을 받거나 혼나지 않으려면 도덕적으로 행동하란 말이지. 거기에 비하면 착한 아이처럼 행동하라는 1학년 선생님의 말은 어떠니? 더 멋진 말처럼 느껴지지 않니? 그건 사람이 살면서 도덕의 기준이 달라지고 있기 때문이야.

심리학자 콜버그(Lawrence Kohlberg)는 사람들의 도덕 수준을 판단하기 위해서 '하인즈의 딜레마'라는 이야기를 만들어 냈단다. 딜레마란 이러지도 저러지도 못하는 상황 같은 걸 말해.

하인즈가 처한 상황은 아주 곤란하단다. 하인즈의 아내가 병에 걸렸는데, 그 병은 이제 막 개발한 신약으로만 치료가 가능하지. 그런데 그 약이 너무 비싼 거야. 하인즈는 약을 개발한 약사에게 가서 부탁하지. 자기가 가진 돈으로는 살 수가 없으니, 약을 먼저 주면 나중에 약값을 갚겠노라고 말이야. 하지만 약사도 나름의 사정이 있었어. 약을 개발하느라 많은 비용이 들었기 때문이지. 그래서 이 약을 그 가격에 팔고 싶다고 하는 거야. 그래서 하인즈는 그 약을 훔쳐서 아내를 살린다는 이야기야.

콜버그는 이 이야기를 들려주고 사람들에게 물었어.

"하인즈가 한 행동에 대해 어떻게 생각하십니까?"

사람들은 저마다 다른 이유를 댔는데, 콜버그는 이 연구를 통해 도덕성은 일정한 단계를 거쳐 발달한다고 말했단다. 벌을 주냐, 주지 않느냐보다 그래야 하는 까닭을 더 세심하게 들여다봤지. 그리고 인간의 도덕성을 여섯 단계로 나누어 설명했단다.

- 1단계 : 벌을 받지 않으려고 행동하는 단계
- 2단계 : 내가 원하는 것을 얻기 위해서 행동하는 단계
- 3단계 : 착한 아이처럼 자기에게 요구되는 행동을 하는 단계
- 4단계 : 법이기 때문에 지켜야 한다고 하는 단계
- 5단계 : 법을 지켜야 하는 까닭은 그것을 통해서 인간의 권리를 지킬 수 있기 때문이라고 생각하는 단계
- 6단계 : 법과 관습 너머 양심과 가치를 쫓는 단계

콜버그 단계에서 보자면, 선생님은 1학년 아이에게 3단계를 요구한 거란다. 하지만 너는 그보다 높은 도덕 단계에 있어서 그것이 만족스럽지 못했던 거고. 아마 네가 다음 단계로 나아간다면, 단순히 규칙이기 때문에 지켜야 한다는 생각도 불편해지지 않을까?

밀그램 실험

1961년 예일 대학교의 조교수 스탠리 밀그램(Stanley Millgram)이 실시한 '권위에 대한 복종' 실험이다. 밀그램은 사람들에게 비용을 지불하기로 하고 자원자를 모집했다. 자원자가 모였고, 밀그램은 돈을 먼저 지불한 후 갖고 있도록 했다. 실험이 시작되자 '벌에 의한 학습 효과를 확인하기 위한 실험'이라고 하면서, 정답이 틀릴 때마다 전기 충격을 주는 버튼을 누르게 했다. 전기 충격은 15볼트씩 올라가고, 최대 450볼트까지 진행되었다. 하지만 칸막이 다른 편에 있었던 학생 역할을 맡은 사람은 실제로는 전기 충격을 받지 않았고, 그런 척 연기를 하는 것이었다(Niels Birbaumer & Jörg Zittlau, 2015).

- 105볼트 때 : 실험을 중단하고 싶다고 말했다.
- 150볼트 때 : 소리를 지르고, 심장에 이상이 있다고 말했다.
- 315볼트 때 : 더 이상 끽소리도 내지 않았다(이 때문에 버튼을 누른 사람은 실신했다고 생각하기도 함).

전기 충격 버튼을 누르던 사람들은 학생 역할을 하는 사람이 그만두고자 할 때면, 흰 가운을 입은 연구자가 이렇게 말했다. 이 사람이 실험에 핵심적인 '권위'를 가진 인물이다.

- 첫 번째 : 계속해 주세요.
- 두 번째 : 실험을 위해서는 계속해야 합니다.

- 세 번째 : 당신이 계속하는 것이 아주 중요한 요소입니다.
- 네 번째 : 당신은 다른 선택지가 없습니다. 계속하십시오.

네 번째 지시에도 따르지 않을 때 실험은 정지되었다. 밀그램은 실험을 시작하기 전에는 0.1%의 사람들만이 450볼트까지 올릴 거라 생각했다. 하지만 놀랍게도 65%의 사람들이 450볼트까지 버튼을 눌렀다. 가장 최저로 누른 사람도 300볼트였다.

밀그램의 이 실험은 엄청난 충격을 주었고, 피실험자에게 트라우마를 남길 수 있음에도 피실험자를 고려하지 않고 실험이 진행되었다는 점에서 큰 비판을 받았다. 결국 밀그램은 정신분석학회의 자격이 잠시 정지되고, 결국 대학에서 해임되었다.

밀그램의 이후 연구에서 밝혀진 바에 의하면, 고통을 받는 실험자와 한 방에 있으면서 한쪽 팔을 실험자에게 올려 놓는 것과 같이 물리적 거리가 가까운 경우, 또는 전화를 통해 지시를 받는 것과 같이 실험 보조자와의 거리가 먼 경우에는 복종률이 감소하는 모습을 보였다.

또 반대로 실험 보조자와 거리가 가까울수록 복종률은 높아졌다. 그리고 지시에 의한 것이 아닌 자발적인 의지에 의해 실험자를 처벌하도록 했을 때는 45볼트 이상의 충격을 주지 않는 것으로 나타나 인간 본성에 대한 일말의 희망을 암시하기도 했다 (Lauren Slater, 2005).

밀그램 실험 영상

10 친구들이 내 생각이 엉뚱하대요

 도윤이에게.

선생님에게는 안 좋은 습관이 있단다. 마음의 상태가 안 좋을 때 나타나는 것 중 하나인데, 노트 정리를 하다가 마음에 안 들면 다 찢고 처음부터 하고 싶어져. 그림 그리기도 그렇고, 악기를 연주하다가도 중간에 틀리면 처음부터 다시 하려고 했었지. 당연히 게임도 마찬가지야.

그런데 참 재미있는 게 너무 일관된 패턴이지 않니? 선생님은 왜 이런 행동을 할까? 선생님이 심리학에서 찾아낸 답은 '사적 논리'란다. 사적 논리는 다음과 같은 형식으로 정리된다고 하는데, 도윤이가 선생님이 어떤 사적 논리를 가지고 있었는지 적어 보지 않을래? 그리고 나서 네 것도 적어 보면 다음 편지에서 자세히 설명해 주마.

"세상은 ＿＿＿＿하다. 그래서 나는 ＿＿＿＿해야 한다."

선생님, 예전에 선생님이 들려주신 물속으로 동전을 던져 버렸던 이야기와도 연결되는 것 같아요. 그때도 한 개를 잃어버렸을 뿐인데도 전체가 아니면 소용없다고 생각한 거잖아요. 제가 생각한 선생님의 사적 논리는 이거예요.

'세상은 조금의 실수도 인정하지 않는다. 그래서 나는 완벽해야 한다.'

적고 보니 저도 선생님과 비슷한 생각을 한 적이 있었던 거 같아요. 그리고 제 사적 논리는 다음과 같습니다.

'세상은 재미있는 사람을 좋아한다. 그래서 나는 다른 사람을 기쁘게 하기 위해 노력해야 한다.'

도윤아, 선생님과 너의 사적 논리를 아주 잘 찾은 것 같아. 항상 유쾌하고, 다른 사람에게 관심을 기울이는 네가 이런 속마음을 가지고 있었다니.

이처럼 사적 논리란 한 사람이 가지고 있는 자기만의 생각을 뜻해. 그리고 그 생각은 엉뚱한 결론을 만들어 내지. 세상은 어떠하고, 그래서 나는 이렇게 행동한다는 것은 다른 사람들의 생각과는 어울리지 않을 때가 많지. 그래서 사적 논리의 반대말을 '상식'이라고 부른단다. 이렇게 하니까 금방 느낌이 오지? 네가 찾아낸 선생님의 사적 논리는 상식적으로 보이니? 그렇지 않지? 왜냐하면 완벽하게 되지 않았다고 해서 지금까지 하던 일을 모두 엎어 버려도 그 일을 해결하는 데는 전혀 도움이 안 되잖아. 만약 선생님이 가진 사적 논리를 상식적인 말로 바꾼다면 어떻게 될까?

'완벽하면 좋겠지만 완벽하긴 어렵기 때문에, 최선을 다하거나 열심히 노력한 결과만으로도 충분하다.'

이 정도면 되지 않을까? 그렇게 생각하는 게 선생님의 정신 건강에 이로울 것 같구나. 사적 논리를 찾는 건 이렇게 그 생각이 타당한지 꼼꼼히 따져 보고, 좀 더 건강한 생각으로 바꾸려는 목적을 가지고 있단다. 이제 너의 사적 논리는 어떻게 바꿔 볼까?

 선생님, 제가 가진 생각을 좀 더 상식적으로 바꿔 볼게요.

'재밌는 사람은 다른 사람들을 기쁘게 한다. 하지만 모두를 기쁘게 할 순 없다.'

사적 논리를 상식적으로 바꾸는 것만으로도 시원한 마음이 들어요. 실은 친구들이 저를 싫어할까 봐 마음을 감추고 행동한 적이 적지 않았거든요. 선생님도 이젠 완벽함을 갖추려고 노력하는 것에서 벗어나 속 시원한 마음을 가지시길 바랄게요.

교사에게서 보이는 사적 논리

인간은 누구나 세상을 바라보는 자신만의 관점이 있다. 아들러식 교사 훈련 프로그램인 STET(Systematic Training for Effective Teaching)는 흔히 교사들이 가지는 다섯 가지의 신념을 소개한다. 이 전형적인 신념은 학생들과의 관계를 방해한다 (Dinkmeyer, 1996).

1. 내가 통제해야 한다.

교사가 학생들을 통제해야 한다고 생각하는 경우에, 교사는 '의존' 또는 '반란' 둘 중에서 하나의 제한된 환경을 만들게 된다. 때때로 교사는 학생들의 모든 움직임을 주시함으로써 통제하려고 한다. 교사는 그들에게 모든 것을 상기시키고, 움직이거나 말할 때마다 허락받을 것을 요구한다. 또한 교사가 교실을 나갈 때마다 잡담하는 것을 막기 위해 감시자를 지명하기도 한다.

2. 나는 우월하다.

교사는 학생이 독립심을 배우고, 책임감을 갖고 스스로 배울 수 있는 능력을 발달시키기를 원한다. 교사의 우월감은 학생들을 과잉보호함으로써 열등감을 갖게 만든다.

3. 나는 자격이 있다.

때때로 교사는 자신이 성인이고 교사라는 이유만으로 학생들을 복종시키거나 존경받을 자격이 있다고 믿는다. 하지만 교사가 보여야 할 단호하면서 친절한 태도와는 다르다. 학생들은 존중받는다고 느끼면 다른 사람을 존중한다.

4. 나는 중요하지 않다.

교사는 자신의 가치와 능력을 믿어야 한다. 교사는 학생들의 권리를 존중하는 것뿐만 아니라 교사 스스로의 위치를 확고히 함으로써 상호 존중을 도모할 수 있다.

5. 나는 완벽하다.

어떤 사람은 자신의 실수를 용서하지 못한다. 실수가 용납되지 않는다고 생각하며 자라 왔기 때문이다. 교사로서 그들은 학생들의 실수에도 화를 낸다. 이러한 실수에 대한 두려움은 학생들에게 쉽게 옮겨 간다.

이러한 사적 논리가 발달하게 된 데는 사회가 교사에게 갖는 비현실적인 요구도 포함되어 있다. 학생들에게는 한없이 너그러운 교사이길 바라지만, 어떠한 문제도 일어나지 않아야 한다. 문제가 생겼을 때 교사는 어디에서 무엇을 하고 있었냐는 말이 그런 요구를 단적으로 보여 준다. 하지만 무리한 요구에 맞추어 그런 신념을 가질 필요는 없다. 사적 논리가 개인이 세상과 타인에 대해서 가지고 있는 신념을 뜻한다면, 그에 반대되는 개념은 앞에서도 말했듯 '상식'이다. 상식이 통하는 관계는 건강하다. 교육에 대해서 모두가 합의할 수 있는 정도의 목표와 기대를 가지는 것은 교사의 마음 건강을 위해 필수적이라고 할 수 있다.

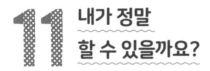

11 내가 정말 할 수 있을까요?

 생강 선생님께.

오늘은 몸이 땅바닥으로 꺼지는 것 같은 기분이 들었어요. 창피한 일이 있었냐고요? 아니요. 오히려 정말 중요한 일을 맡았어요. 학급을 대표해서 다른 곳에 가서 발표를 해야 하는 거였어요. 친구들과 선생님 모두 제가 할 수 있을 거라 생각하는데, 정작 저는 용기가 생기지 않아요. 많은 사람들 앞에서 이야기하는 게 너무 부담스러워요.

가끔씩 사람들이 저를 너무 과대평가하는 게 아닌가 싶어요. 제가 보기에 그 일에는 다른 친구들이 더 적절해 보이는데 말이에요.

'내가 정말 할 수 있을까?' 이런 생각이 들 때마다 몸이 땅바닥으로 가라앉는 것 같아요. 선생님의 도움이 필요해요.

도윤아, 다른 사람들이 보기엔 네가 해낼 수 있을 거 같은데, 너 자신이 보기에 너는 그럴 수 없을 거라 생각한 거잖아? 그렇다면 오늘은 자존감 이야기를 해야겠구나.

자기 자신을 어떻게 생각하는지에 대해서 내리는 판단을 심리학에서는 '자존감'이라고 부른단다. 자존감이 높은 사람은 자신이 사랑받을 만하고, 일을 해낼 수 있는 능력이 충분하고, 다가올 상황을 잘 해결할 수 있다고 생각한단다. 하지만 자존감이 높은 사람이라고 항상 그런 것은 아니야. 때때로 자기에 대한 평가가 달라지기도 하지. 반복된 실패를 겪다 보면 자존감이 높았던 사람도 낮아지기도 해.

또 지나치게 자존감이 높으면 다른 사람들보다 우월하다고 생각하게 되는데, 그렇게 되면 '자만하다'는 평가를 받게 되는 거야. 그래서 균형 잡히고 건강한 자존감을 발달시켜야 한단다. 자기 자신을 공정하고 정확하게 보려는 노력이 함께 있어야 건강한 자존감이 만들어지는 거야.

도윤이가 이번에 맡은 역할이 구체적으로 무엇인지는 모르지만, 네가 자신에게 주는 점수가 너무 짜다는 생각이 드는구나. 네가 스스로 하겠다고 나선 일이 아니고, 담임선생님과 다른 친구들의 지지를 받고 시작한 일이니까 일단 한번 도전해 보면 어떨까? 용기를 가지고 말이야. 할 수 있을 만큼만 하고, 결과는 담담하게 받아들이는 거야.

오늘 도윤이 편지를 읽으며 예전의 일이 떠올랐단다. 선생님도 자존감이 떨어져 있을 때는 내가 얼마나 형편없는 사람인지 보여 주려고 아무런 노력도 하지 않을 때가 있었어.

"저를 좀 더 잘 알면 그런 기대 안 할걸요?"

이런 이야기를 하고 싶었던 것 같아. 그런데 그때 선생님이 했던 게 뭔지 아니? 바로 뜀틀 시범이었단다. 체육 선생님이 내가 연습하는 걸 보고 다음 동작 시범을 시켜 보려고 한 거였는데, 예전에 뜀틀 뛰다가 팔이 부러진 적이 있어서 나는 재능이 없다고 사람들 앞에서 크게 이야기했지. 결국 다른 친구가 시범을 보였고, 그걸 보고 좀 있다가 나도 어렵지 않게 따라했어. 동작을 하고 난 다음에 내심 그냥 할 걸 그랬나, 약간 아쉬움이 남았거든.

어때? 너에 대한 평가를 다시 내려 보면 어떨까?

자존감의 세 가지 차원

국어사전에서 자존감의 뜻을 찾아보면 '스스로 자기를 소중히 대하며 품위를 지키려는 감정'이라고 정의되어 있다. 심리학 사전의 정의는 좀 더 구체적이다. '자아 개념의 평가적인 측면으로 자신의 가치에 대한 판단과 그러한 판단과 관련된 감정'이다. 자존감은 가치, 능력, 통제의 차원으로 이루어져 있다(한국심리학회, 2014).

◆ 가치의 차원

내가 나를 가치 있고 긍정적으로 판단하고 좋아하는지, 또 다른 사람들이 자신의 가치를 어떻게 여기고 좋아하는지에 대한 평가의 차원이다.

"나는 내가 좋아."

"다른 사람들은 나와 함께하는 걸 좋아해."

◆ 능력의 차원

내가 해야 할 일과 목표를 완수하고 성취할 수 있다고 생각하는 자신에 대한 믿음이다.

"나는 과제를 늘 잘해."

"내가 하고 싶은 일을 끝까지 꼭 해낼 수 있어."

◆ 통제의 차원

자신 주변에서 벌어지는 상황에 영향을 미칠 수 있고, 조절하고 통제할 수 있다고 느끼는 것에 대한 믿음이다.

"이 상황에서 할 수 있는 일은 이거야. 이렇게 하면 상황은 나쁘게 흘러가진 않을 거야."

세 가지 차원을 종합적으로 평가하여 자존감이 높고 낮음을 평가한다. 심리학자 수전 하터(Susan Harter)는 자존감의 양상이 연령대에 따라 달라진다고 말했다.

◆ 유아기
취학 전의 유아는 어떤 분야에서든지 자신이 타인보다 월등하며 능숙하게 해낼 수 있다고 생각한다. 반대로 현재 상황에서 만족스럽지 못한 유아는 자신이 할 수 있는 게 아무것도 없다고 생각하기도 한다.

◆ 학령기
학교에서 친구들과 선생님을 만나고 학업을 시작하게 되면서 겪는 경험들은 과대평가했던 자신의 가치와 능력을 낮게 평가하기 시작한다. 그러나 만 8세가 되면 자신의 능력을 더 현실적으로 평가하기 시작하며, 다양한 분야에서의 자기지각을 바탕으로 자기평가를 한다. 또 수학은 잘하지만, 체육은 잘하지 못하는 아이라면 자신을 분야별로 나누어 평가하게 된다.

◆ 청소년기
청소년기가 되면 전반적으로 자존감이 떨어지는 경향이 있다.

자존감 향상을 위한 다양한 심리상담 프로그램이 잘 만들어져 있는 상황이다. 또 자존감 평가지도 쉽게 구할 수 있다. 다만 이런 내용이 어떤 것을 바탕으로 구성되었는지를 아는 것은 중요한 일이다.

12 용수철이 늘어났다가 줄어들지 않아요

 생강 선생님께.

돕고 싶은 친구가 있어요. 슬픈 일을 당한 친구거든요. 며칠 전 결석을 했는데, 담임선생님 말씀으로는 가족 중 누군가 돌아가셨다고 해요. 시간이 지나서 친구가 학교에 왔는데, 정말 슬퍼 보이더라고요.

다행히 얼마 지나지 않아 그 친구가 웃기도 하고, 거기에 대해서 이야기도 해서 놀랐어요. 나라면 저렇게 스스로 이겨 낼 수 있을까 하는 생각도 들더라니까요. 선생님, 어떤 힘이 그 친구를 역경에서 이겨 내게 했을까요?

 도윤아, 오늘은 '회복탄력성'에 대해 알려 줘야겠구나.

회복탄력성이란 말을 이해하려면 용수철을 떠올리면 된단다. 용수철을 조금 잡아당겼다가 놓으면 원래대로 돌아가지? 그런 것처럼 사람들이 어려운 일을 당하고 나서 좌절하지 않고 원래대로 돌아오거나, 더 나은 방식으로 복귀하는 걸 뜻한단다. 회복탄력성이란 말은 심리학 말고도, 병원에서도 많이 사용하는 말이란다. 몸에 생긴 상처나, 수술 후에 몸이 원래대로 돌아오는 것을 뜻해.

그럼 회복탄력성은 어떻게 키울 수 있을까? 흔히 운동을 꾸준히 하면 근육 양이 늘어서 살이 잘 찌지 않는 체질이 된다고 하지. 그런 것처럼 마음에도 근육이 있어서 반복적인 훈련을 통해 단단한 마음을 가질 수 있게 할 수 있단다. 그렇게 되면 어려운 일을 겪더라도 좌절하지 않고 용수철처럼 다시 돌아올 수 있다고 이야기하지.

하지만 어려움을 겪고 나서 원래의 상태로 돌아오지 못하는 사람들은 어떤 상황인 걸까? 아마 감당하기 어려운 상황일 거야. 비유를 하자면, 용수철을 한계가 넘도록 늘려서 원래대로 돌아오지 못하게 된 거야.

회복탄력성은 심리학자 마틴 셀리그만(Martin Seligman)의 '긍정심리학' 내용 중 하나란다. 셀리그만은 인간이 행복하려면 변화하려고 노력해야 한다고 이야기했어. 행복해지려고 노력하는 과정에서 회복탄력성이 증가한다고 생각했거든. 그러나 셀리그만도 처음부터 행복과 긍정의 인물은 아니었단다. 셀리그만이 긍정심리학을 주장하게 된 까닭으로 자기 딸 니키와의 일화를 소개했는데, 그 이야기를 그대로 옮기면서 오늘 편지를 마치마.

만 5세인 내 딸 니키와 정원에서 잡초를 뽑고 있을 때의 일이다. 나는 늘 시간에 쫓기다 보니 잡초를 뽑을 때조차 여유를 부릴 새가 없다. 그러나 니키는 잡초를 뽑아 하늘 높이 던지기도 하고, 노래하며 춤을 추기도 했다. 딸애의 그런 모습이 하도 어수선해서 냅다 고함을 지르자, 니키는 집 안으로 들어가 버렸다. 잠시 후 정원으로 나온 딸애가 말했다.

"아빠, 드릴 말씀이 있어요."

"무슨 말인데?"

"제가 다섯 살이 되기 전까지는 굉장히 울보였잖아요. 그래서 다섯 번째 생일날 결심했어요. 다시는 징징거리며 울지 않겠다고요. 그런데 그건 지금까지 제가 한 그 어떤 일보다 훨씬 힘들어요. 만일 내가 이 일을 해내면 아빠도 신경질 부리는 일을 그만두실 수 있을 거예요."

딸애의 말은 내게 큰 깨달음을 주었다. 사실 나는 정말로 신경질쟁이였다. 평생 내 마음에 내리는 비를 고스란히 맞고 지냈고, 햇살 가득한 집 안을 오락가락하는 먹구름 같은 존재였다. 그 순간부터 나는 자신을 고치기로 결심했다. 더 중요한 것은, 아이를 키운다는 것은 그 아이가 지닌 단점을 고치는 게 아니라는 사실을 깨달았다는 점이다. 아버지로서 내가 할 일은 딸애의 강점을 계발해 주는 것이다. 자신의 강점을 완벽하게 계발한다면, 그것은 자신의 약점이나 세상살이의 험난함을 이겨 낼 수 있는 힘이 될 것이다.

－마틴 셀리그만의 『긍정심리학』 중에서

학습된 무기력

학습된 무기력 이론은 1975년 마틴 셀리그만과 스티브 마이어(Steve Maier)가 발표한 이론이다. 자신이 극복할 수 없는 환경에 반복적으로 노출되거나 부정적인 자극이 계속되면, 자신의 능력으로 극복할 수 있는 상황이 되어도 스스로 포기하게 되는 현상을 뜻한다(곽호완, 2008).

실험자는 첫날 24마리의 개를 세 그룹으로 나누었다. A그룹은 레버를 이용하면 전기 충격을 멈출 수 있었고, B그룹은 레버를 가죽끈으로 고정해 두어서 멈출 수 없었다. 그리고 C그룹은 전기 충격을 가하지 않았다.

24시간 뒤 셀리그만은 장애물을 넘으면 전기 충격을 피할 수 있는 새로운 장치에 개들을 배치했다. 개들이 보인 행동은 흥미로웠다. A, C그룹의 개들은 장애물을 넘었으나, B그룹의 개들은 전기 충격을 견딘 것이다. 이 이론은 인간이나 심지어 바퀴벌레에 이르는 다른 종에서도 거듭 나타났다(황농문, 2013).

셀리그만은 2000년대에 들어 다른 학자들과 함께 '긍정심리학'을 만들게 된다. 무기력이 학습되었듯, 행복과 낙관도 학습될 수 있음을 이야기하기 시작한 것이다. 이것은 심리학의 역사에서 재미있는 장면 중 하나이다. 셀리그만은 약점만큼 강점에도 관심을 가져야 한다고 이야기한다. 상처 치유에 관심을 두는 만큼 강점을 키워 주는 것에도 관심을 쏟아야 한다고 말한다(이동귀, 2016).

학교는 실수를 찾아내는 데 관심이 있다. 많은 심리상담의 영역도 마찬가지다. 교실에서 학생들에게 하는 이야기 중에서 강점을 살려 주는 말을 더 많이 하는지, 실수를 지적하는 데 에너지를 더 많이 쏟는지 헤아려 본다면 긍정심리학이 주장하는 바에 대해 오래도록 생각하게 될지도 모른다. 또 반대로 그런 것보다 학생들을 위해 쏟는 정성과 에너지를 생각해 보아야 한다. 그래서 어떤 시너지가 나고 몰입하고 행복감을 느꼈는지에 대해 생각해 본다면, 교사도 그러할진대 학생들은 얼마나 더 행복을 갈망하고 있는가를 깨닫게 되지 않을까?

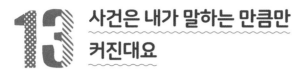

13 사건은 내가 말하는 만큼만 커진대요

생강 선생님께.

제가 요즘 조금 예민한가 봐요. 인터넷에서 학교폭력에 대한 기사를 봤는데, 제가 주변에서 보지 못했던 마음 아픈 일들이 많았어요. 그래서인지 시간이 지나도 자꾸 생각이 나더라고요.

문제는 이후 학교가 좀 달리 보이는 거예요. 기사에 나온 괴롭힘, 따돌림, 폭력이 아닐까 하고 생각이 드는 것들이 많았어요. 제일 걱정되는 건 그동안 제가 친구들에게 했던 행동들이 혹 누군가에게는 상처가되지 않았을까 하는 걱정이에요. 제가 그동안 너무 별거 아닌 것처럼생각한 건 아닐까요?

도윤아, 선생님도 요즘 뉴스를 볼 때마다 심장이 벌렁벌렁한단다. 뉴스 내용이 강하면 강할수록, 그리고 나와 밀접한 일일수록 더 오래도록 기억에 남지. 그래서 선생님도 학교에서 계기교육을 할 때면 지나치게 자극적인 이야기는 하지 않으려고 노력해. 오늘은 관련된 재미있는 실험 이야기를 해 주마.

로프터스(Elizabeth Loftus)와 팔머(John Palmer)가 했던 '자동차 충돌 현장 기억' 실험이야. 사람들에게 자동차 사고 영상을 보여 준 다음에 서로 조금 다른 질문지를 준 거야. 그 질문지의 내용은 이랬단다(이화 여대사회과학연구소, 2004).

"자동차가 다른 차와 ……할 때 어느 정도의 속도였다고 보십니까?"

……에는 '쾅하고 박았을 때', '크게 충돌했을 때', '부딪혔을 때', '접촉했을 때'처럼 서로 정도가 다르게 느껴지는 질문을 주었단다. 결과는 어떻게 나왔을까? 신기하게도 더 센 질문을 받은 집단이 자동차의 속도가 더 빨랐다고 대답했어. 가벼운 질문을 받은 사람보다 시속 10km 정도의 차이를 보였단다.

그리고 일주일 후에 추가 질문에서는 사고 현장에서 유리 파편 등을 보았다고 말하기까지 했어. 그들이 본 영상에는 유리 파편은 없었는데 말이야. 질문자의 질문에 따라서 기억이 왜곡되기도 하는 거야. 단순히 속도만 빠르게 답한 게 아니라, 없는 사실까지도 스스로 꾸며 내서 기억해 버린 거야. 놀랍지 않니?

도윤이가 학교의 모습과 너 자신의 행동이 다르게 느껴졌던 건 머릿속에 남아 있는 그 잔상이 네가 세상을 보는 방식을 바꾸고 있는 거란다. 친구와 다툰 일은 폭력이 되고, 관심은 스토킹이 되지. 오해하고 삐친 동안 왕따를 주동한 것처럼 느껴지기도 해. 그래서 우리에겐 좀 더 다양하고 많은 말이 필요하단다. 당연히 잘못한 일에는 그런 이름을 붙여 주는 게 맞지만, 모든 일을 그런 말로 표현해선 안 된다는 이야기를 하고 싶어. 이건 온 사회가 함께 고민해야 할 문제인 듯싶구나.

뉴스를 보면 어른들의 입장에서 사실을 전달하다 보니, 가끔은 학생들에게는 지나친 내용이 전달된다는 생각이 들더구나. 다음에 스스로 생각하기 어려운 소식을 접하거든 선생님이나 부모님과 이야기를 해 보면 좋겠구나. 적어도 혼자서 끙끙 앓게 되진 않을 거야.

선생님, 편지를 받고 나서 담임선생님께 말씀 드렸더니 제 행동이 학교폭력이나 따돌림은 아니라고 이야기해 주셔서 조금 마음을 놓았어요. 뉴스에서 본 자극적인 말이 제 머릿속을 헤집고 있었는데, 말을 바꾸었더니 마음이 한결 놓였어요. 항상 감사합니다.

보이지 않는 고릴라 실험

2000년대에 실시된 심리학 실험 중에서 가장 큰 관심을 불러일으킨 것을 고르라면 단연 '보이지 않는 고릴라' 실험이다. 하버드 대학교에서 심리학을 가르치던 대니얼 사이먼스(Daniel Simons)와 크리스토퍼 차브리스(Christopher Chabris)는 1999년 대학생들을 대상으로 실험을 실시했다.

두 심리학자의 관심사는 '인간은 눈에 보이는 세상을 어떻게 인지하고, 기억하고, 생각하는가?'였다. 두 사람은 흰색과 검은색 유니폼을 입은 사람들이 나와서 농구공을 패스하는 1분 남짓의 영상을 만들었다. 그 영상을 사람들에게 보여 주면서 흰 옷을 입은 팀의 패스 숫자를 세어 달라고 요청했다. 패스 숫자는 서른네 번인데, 그 숫자는 중요하지 않다. 실제 두 사람의 관심은 다른 데 있었다. 동영상 중간에 고릴라 복장을 한 여학생이 등장해서 9초에 걸쳐 무대 중앙으로 걸어 나와 멈춰 서서 카메라를 향해 가슴을 치고 걸어 나갔다. 사람들은 이 고릴라를 보았을까?

"패스 횟수를 셀 때 뭔가 이상한 걸 느꼈나요?"

"아뇨."

"선수들 말고 뭔가 눈에 띄는 건 없었나요?"

"음, 엘리베이터가 있었고, 벽에 S자가 그려져 있었어요. 그 S자가 뭘 뜻하는지는 모르겠어요."

"선수들 말고 눈에 띄는 누군가는 없었나요?"

"없었어요."

"고릴라를 보았나요?"

"네? 뭐라고요?"

놀랍게도 절반의 사람들은 고릴라를 보지 못했고, 여러 가지 조건에서 다양한 실험자를 대상으로 여러 번 반복해서 실험했지만 결과는 같았다. 약 50%는 고릴라를 보지 못했다.

보이지 않는 고릴라 실험은 강력하면서도 광범위하게 스며 있는 주의력 착각(illusion of attention)의 영향력을 다른 어떤 연구보다 극적으로 보여 준다. 두 심리학자는 자신들이 사용한 '착각'의 의미를 화가 E. C 에셔(현실에선 존재할 수 없는 착시예술 판화가)의 그림 속에 등장하는 '끝없이 이어지는 계단'에 비유한다. 그림을 전체적으로 보면 뭔가 이상하다는 것을 알 수 있지만, 계단 하나하나를 뜯어 보면 잘못된 점을 찾지 못한다. 일상 속의 착각도 이처럼 끊임없이 반복된다는 것이다.

보이지 않는 고릴라 실험 영상

14 내 마음을 위한 필수 영양소

 생강 선생님께.

저는 아침마다 비타민과 홍삼젤리를 챙겨 먹어요. 엄마가 영양제를 잘 먹어야 감기도 안 걸리고 키도 쑥쑥 큰다고 하셔서, 정말 꼬박꼬박 먹고 있어요. 그런데 혹시 마음에 꼭 필요한 영양소도 있나요?

도윤아, 네 편지를 읽고 나니 그동안 선생님이 공부해 왔던 심리학이 선생님에게는 마음의 영양소였다는 걸 깨닫게 되었단다. 너의 창의적인 시선과 질문에 선생님은 항상 깜짝 놀란단다.

선생님이 고른 마음의 필수 영양소는 C로 시작하는 네 가지란다. 아들러 심리학에 기반을 둔 용어로, 심리학자 류(Amy Lew)와 베트너(Betty Lou Bettner)가 만들었어. 일명 '결정적인 C(Crucial Cs)'란 말로 불리지.

바로 Connect(관계), Capable(능력), Count(중요), Courage(용기)란다. 하나하나 살펴볼까?

● Connect(관계)

아들러 심리학은 공동체에서 소속감을 느끼는 것을 아주 중요하게 생각했어. 그래서 첫 번째 C는 '관계'란다. 인간관계가 두터운 사람은 안정감을 가지고 다른 사람과 우정을 쌓고 협력할 수 있지. 반면 관계가 충족되지 않으면 어떨까? 불안하고 소외감을 느끼겠지? 그런 상황에서는 아무리 공부를 잘해도, 돈을 많이 벌어도 사는 게 재미없을 거야. 인간은 혼자서는 살아갈 수 없기 때문에 관계와 소속감은 가장 필수적인 영양소라고 할 수 있을 것 같구나.

● Capable(능력)

인간은 어릴 때부터 끊임없이 무엇인가를 시도하고 노력해 왔어. 왜 그럴까? 인간은 자신의 능력을 보여 줌으로써 만족감을 얻으려고 하기 때문이야. '나는 할 수 있다.'는 생각을 싫어하는 사람은 없을 거야. 능력을 가진 사람은 스스로를 다잡고, 책임감 있게 행동하지. 하지만 자신에게 능력이 없다고 믿는 사람은 반대로 행동하게 되지. 반항하고 힘겨루기를 하는 경우가 많아. 다른 사람들의 말을 듣지 않는 것만이 자기의 힘과 능력을 과시할 수 있는 유일한 방법이 되기 때문이야.

● Count(중요)

Count는 '존재감'이란 말로도 해석할 수 있어. '나는 중요한 존재'라는 생각은 사람에게 중요한 이유가 된단다. 가족에게 자신이 중요한 존재라고 생각하는 사람은 희생과 헌신을 통해서라도 가족을 위해 살아가지. 또 사회에서 수많은 헌신을 하는 사람들이 그 일을 하는 이유는 어떤 이익을 얻기 위함이 아니라, 내가 사회에 중요한 일을 하고 있다는 확신이 있기 때문이야.

만약 중요한 존재가 되지 못한 사람이 파괴적인 행동을 하게 된다면 어떻게 될까? 다른 사람들에게 상처를 주려고 할 거야. 반사회적인 범죄를 저지르는 사람들의 이야기를 들어 보면 이런 경우가 많아.

● Courage(용기)

용기란 말은 언제 들어도 기분 좋은 것 같아. 용기가 있는 사람은 어떤 일을 만나든지 다룰 수 있다고 생각하지. 두려움 없이 새로운 일에 도전하고, 늘 희망적인 태도를 가지고 있어. 또 어려움을 만났을 때도 회복탄력성을 보여 준단다. 반면 용기를 가지지 못한 사람은 열등감을 가지고, 언제든 포기하려는 마음을 먹게 된단다. '제발 나를 내버려 둬요. 나에게 희망을 갖지 말아요.'라고 말하는 아픈 마음 말이야.

마음의 필수 영양소가 충분할 때와 그렇지 않을 때를 비교해 보았는데, 도윤이가 보기엔 어떠니? 선생님 생각엔 이 네 가지 영양소는 서로 아주 밀접하게 연관되어 있단다. 관계는 능력이나 중요에도 영향을 미치지. 또 용기가 있어야 나머지 세 가지를 획득할 수 있고.

　선생님은 심리학 편지를 통해 이 네 가지를 전달해 주고 싶은 마음이었는데, 잘 전달되었는지 모르겠구나. 그리고 도윤이와의 대화가 선생님에게도 관계, 능력, 중요, 용기를 길러 주었다는 점을 알아줬으면 좋겠구나.

행동의 목적과 Crucial Cs

심리학자 아들러는 '모든 행동에는 목적이 있다.'는 가정을 하고 학생들의 행동을 관찰할 것을 제안한다. 목적은 행동의 동기가 되기 때문에, 같은 행동이라도 목적에 따라 다른 대처를 해야 한다고 이야기한다. '관심 끌기(attention)', '힘겨루기(power struggle)', '복수하기(revenge)', '무능력 보이기(display of inadequacy)'를 아동기에 보이는 행동의 목적으로 소개한다.

◆ **관심 끌기** : 자신이 주목받을 때만 소속감을 느낀다고 믿는다.

◆ **힘겨루기** : 자신을 통제하거나 멈추게 할 수 없다는 것을 과시할 때 소속감을 느낀다고 확신한다.

◆ **복수하기** : 다른 사람들이 자기를 싫어하며, 자신이 가치가 없다고 느낀다. 이들은 복수하고 앙갚음함으로써 자신의 존재를 드러내려고 한다.

◆ **무능력 보이기** : 어떤 일도 제대로 할 수 없기 때문에 아예 시도조차 하지 않으려고 한다.

Crucial Cs와 부정적·긍정적 목적과의 관계(Lew&Bettner)

부정적 목적		Crucial Cs		긍정적 목적
관심 끌기		관계		협력
힘겨루기	⇦ 결핍 —	능력	— 충족 ⇨	독립
복수하기		중요		공헌
무능력 보이기		용기		적응 유연성

행동의 목적을 확인하는 일에는 뚜렷한 규칙은 없으나, 몇 가지 믿을 만한 지표가 있다. 아동의 행동에 따른 교사의 반응과 지도에 대한 아동의 반응이다.

부정적 목적	교사의 반응	지도에 대한 아동의 반응
관심 끌기	성가시다.	잠시 멈추었다가 다시 시도한다.
힘겨루기	화가 난다.	더 강한 행동을 한다.
복수하기	상처를 받는다.	적대시하고 도발적인 말을 한다.
무능력 보이기	실망하고 포기하고 싶다.	아무런 반응도 보이지 않는다.

목적을 추측한 후에는 아동에게 '혹시 ~하는 게 아닐까?'와 같은 형태로 질문하는 것이 유용하다. 목적을 추측하는 것은 해롭지 않다. 추측이 틀려도 대수롭지 않게 여겨지기 때문이다.

아동기보다 청소년기에는 행동의 목적이 보다 다양해지는데, 딩크마이어와 맥케이(Dinkmeyer&Mckay)는 STET Teens(Systematic Training for Effective Paranting of Teens)에서 청소년의 잘못된 목적에 세 가지를 더하여 일곱 가지 유형으로 제안한다. '흥분', '또래 수용', '우월성'이다.

'흥분'의 목적은 규칙을 회피하고 알코올, 약물, 성적 문란, 위험한 스포츠 등과 같은 잘못된 행동으로 나타난다. '또래 수용'을 추구하는 청소년은 지나친 친구 관계와 타인의 수용을 얻기 위해 부단히 광범위하게 노력한다. '우월성'을 추구하는 청소년은 최고의 성적, 명예, 성취를 추구하며 타인과 경쟁하여 모든 분야에서 최고가 되려는 목적을 갖는다.

『용기의 심리학』 번역 작업에 힘을 보태고 있을 때였습니다. 제가 맡은 부분에서 정말 마음에 쏙 드는 구절을 발견했습니다. 그리고 그 내용을 적어서 현관에 붙여 두고 문을 열고 닫을 때마다 일부러 챙겨 읽었습니다. 그 구절이 제게는 심리학 보약인 셈입니다. 그 내용은 A.A.라는 단체의 행동 강령 중 하나입니다.

1. ~할 때까지 ~한 척하라.
2. 완벽하려고 노력하지 마라.
3. 차선책을 행하라.
4. 노력하면 효과가 있다.

A.A.는 알코올 중독자 자조모임의 약자입니다. 알코올 중독인 사

람들이 동그랗게 모여 앉아서 자신의 사례를 이야기하고 각오를 다지며 서로를 위로하는 모임이 영화 속에 종종 나오는데, 그 모임이 Alcoholics Anonymous입니다.

저는 저 짧은 네 가지 원칙이 정말 많은 분야에 도움을 줄 수 있을 거라 믿습니다. 슬픔에 빠진 사람, 목표를 이루고 싶은 사람, 용기가 필요한 사람, 새로운 도전을 앞둔 사람. 모두에게 필요한 말이 아닐까요?

저의 심리상담 공부는 나를 이해하고 싶은 마음에서 시작되었습니다. 그러던 것이 누군가에게도 도움이 되었으면 하는 마음에 학생들에게 이야기하게 되었고, 그것이 이렇게 책으로도 만들어지게 되었습니다. 어쩌면 지금 이 순간 이 글도 좀 더 용기를 가지고 있는 척일 수 있겠고, 최선이 아닌 차선책일 수도 있을 것 같습니다. 하지만 분명한 건 저는 완벽하지 않고, 앞으로도 완벽하지 않을 것이지만, 조금씩 노력하고 있다는 점입니다. 그것은 언제나 그랬듯 효과를 보일 것이라 생각합니다.

심리상담 공부를 통해 제가 배우고 싶은 것, 학생들에게 전해 주고 싶은 것은 바로 '용기'였습니다. 정확히 말하면 '불완전할 용기'입니다. 이 글을 읽는 선생님들의 학급과 삶에도 용기가 가득하길 응원하겠습니다. 얼굴을 마주할 일이 생긴다면, 그땐 서로의 얼굴에서 용기를 발견하고 격려하는 사이가 되었으면 합니다.

영화 〈스타워즈〉 속 대사를 고쳐 적으며 글을 마칩니다.

"언제나 용기가 함께하길(May the COURAGE be with you)."

참고문헌

Adler(2014), 김문성 역, 아들러 심리학 입문, 스타북스

Albert Mehrabian(1971), Silent messages, Wadsworth

Allen Frances(2014), 김명남 역, 정신병을 만드는 사람들, 사이언스북스

Amy Lew · Betty Bettner(2018), 김정희 외 역, 아들러 심리학 기반 학급 만들기, 학지사

BBC, finding little albert. (https://www.youtube.com/watch?v=KJnJ1Q8PAJk&feature=youtu.be)

Carl Rogers(2009), 주은선 역, 진정한 사람되기, 학지사

Christopher Chabris·Daniel Simons(2011), 김명철 역, 보이지 않는 고릴라, 김영사

Christina Berndt(2014). 유영미 역, 번아웃, 시공사

Danny Oppenheimer(2018), 이남석 역, 지적이고 오싹한 현대 심리학, 다른

D. Dinkmeyer(1998), 임승렬 역, 당신도 유능한 교사가 될 수 있다, 원미사

Elena Bodrova · Deborah J. Leong(2010), 신은수 · 박은혜 역, 정신의 도구, 이화여자대학교출판문화원

Elizabeth Loftus(2013), 기억의 허구성, TED.com

Fritz Perls(1969), Gestalt Therapy Verbatim

Helen Herrman · Shekhar Saxena · Rob Moddie(2018), 김민석 외 역, 정신건강증진, 포널스출판사

Herman Hesse(2000), 전영애 역, 데미안, 민음사

Jane Nelsen · Lynn Lott · Stephen Glenn(2014), 김성환 외 역, 학급긍정훈육법, 에듀니티

Jules Evans(2018), 서영조 역, 삶을 사랑하는 기술, 더퀘스트

Julia Yang · Alan Milliren · Mark Blagen(2015), 오익수 외 역, 용기의 심리학, 학지사

Lauren Slater(2005), 조증열 역, 스키너의 심리상자 열기, 에코의서재

Martin Seligman(2004), 긍정 심리학을 말하다, TED.com

Michael Levine(2019), 김민주 · 이영숙 역, 깨진 유리창 법칙, 흐름출판

Niels Birbaumer · Jörg Zittlau(2015), 오공훈 역, 뇌는 탄력적이다, 메디치미디어

Robert W. Lundin(2001), 노안영 외 역, 애들러 상담이론, 학지사

Rudolf Dreikhurs · Bernie Bronia Grunwald · Fly C. Pepper(2013), 전종국 외 역, 아들러와 함께하는 행복한 교실 만들기, 학지사

Rudolf Dreikurs · Pearl Cassel · Eva Dreikurs Ferguson(2007), 최창섭 역, 눈물 없는 훈육, 원미사

Rudolf Dreikurs · Vicki Soltz(2012), 김선경 역, 민주적인 부모가 된다는 것, 우듬지

Ryan Howes PhD.(Jan 18, 2010), Cool Intervention #10: The Miracle Question(https://www.psychologytoday.com/)

Shelly Taylor and Susan Fiske , 'Point of view and perceptions of causality', https://en.ppt-online.org/140321

Thomas J. Sweeney(2005), 노안영 외 역, 아들러 상담이론과 실제, 학지사

Tony Kline Ph.D. Applying Maslow's Hierarchy of Needs In Our Classrooms. (http://www.changekidslives.org/actions-4)

Tubbs, 1972 in dublin

강준만(2013), 감정 독재, 인물과사상사

곽준식(2012), 브랜드, 행동경제학을 만나다, 갈매나무

곽호완 · 박창호 · 이태연(2008), 실험심리학 용어사전, 시그마프레스

김민주(2011), 시장의 흐름이 보이는 경제 법칙 101, 위즈덤하우스

김춘경 · 이수연 · 이윤주 · 정종진 · 최웅용(2016), 상담학사전, 학지사

노안영(2016), 불완전할 용기, 솔과학

박동섭(2016), 레프 비고츠키, 커뮤니케이션북스

서울대사범대학교육연구소(1995), 교육학용어사전, 서울대학교 교육연구소

연합뉴스, 국가폭력 피해자 치유 '국립트라우마센터' 광주에 건립, 2019년 5월 17일자

유리향·선영운·오익수(2018), 교사를 위한 아들러 심리학, 학지사

이동귀(2016), 너 이런 심리법칙 알아?, 21세기북스,

이해중·김정희·김선희·김선우·조회진·강지영·오익수(2017), 격려하는 선생님, 학지사

이화여자대학교 사회과학연구소(2004), 사회과학의 이해, 이화여자대학교출판부

전요섭·황미선(2017), 알기 쉬운 생활 속의 심리, CLC(기독교문서선교회)

정연홍·유형근(2016), 교사의 심리적 소진 측정도구 개발, 아시아 교육연구 17권 3호

조숙행(2004), 스트레스 평가와 관리, 대한의사협회지, 47권 3호

조우연(2012), 교사발달단계에 따른 중등교사 연수교육과정 구성, 박사학위논문, 인천대학교

한국게슈탈트 심리학회 http://www.kgcpa.or.kr/

한국교원신문, 마음 다쳐 떠나려는 교원들… 교실도 아프다, 2014년 3월 24일자

한국심리학회(2000), 교육심리학 용어사전, 학지사

황농문(2013), 공부하는 힘, 위즈덤하우스